# Conspiración nazi en el siglo XXI

I0417276

## La amenaza real de un nuevo holocausto

# DINO ALREICH

# Conspiración nazi en el siglo XXI

La amenaza real de un nuevo holocausto

## DINO ALREICH

Título original: Conspiración nazi en el siglo XXI
Editado por: Dino Alreich

# Dedicatoria

Dedico este libro a toda aquella persona que busca la verdad y a todos aquellos que han sido perseguidos y atropellados por no guardar silencio frente a la maldad social.

# Índice

*Tenebrosos son sus orígenes,*
*misteriosos, secretos...*
*surgen de la noche,*
*persiguen fines siniestros...*

*Son hijos de la codicia y la maldad,*
*son el fruto de lo irracional y del egoísmo.*
*Sus rasgos rubios, blancos y de ojos azules*
*Les sirven para exaltar su racismo y falso orgullo.*

*En sus reprobadas mentes reina un solo color,*
*el color del odio sembrado por los hijos del infierno.*

*Bastardos que persiguen ideales desorientados de aquellos que*
*anhelan dominar el mundo por la fuerza.*
*Solo persiguen el destruir en su camino a aquellos a quienes*
*consideran diferentes.*

*¿Hasta cuando serán esclavos del odio,*
*de la brutalidad y de la ignorancia?*
*Su nombre encierra el significado*
*de la cobardía y el desprecio.*

*Solo el día que reciban el pago por sus hechos*
*estaré contento...*

# Los hechos

El Proyecto Lebensborn (Fuente de Vida) –organización alemana fundada en 1935– es una sociedad real. El líder de la *Schutz-Staffel* (SS), Heinrich Himmler procuró expandir un grupo compuesto de miles de niños cuyas características afirmaban ser de la *raza aria*. Altos, blancos, ojos azules, rubios, de frente angosta, extremidades largas, facciones angulosas y de quienes se pretendía asegurar eran los herederos de aquellos a los que consideraban los ancestros de la raza nórdica pura superior sobre toda la tierra. Sobre 200,000 niños fueron secuestrados en Europa durante el III Reich. Sobre 3, 000, 000 de integrantes de la SS tenían licencia dada por el *Führer* de procrear retornos de los cuales esperaban evolucionar a ser los dioses de la tierra. Luego del aparente derrumbe de la dictadura de Hitler en 1945, se ha ido notando el nacimiento en diferentes naciones de la tierra de la semilla de los neonazis y de los "skinhead". Hijos de la esvástica protegidos por una red llamada *Odessa* la cual ha diseminado su veneno en toda la tierra. El simple registro de su presencia, siendo protegidos por los gobiernos y por los grupos de inteligencia de la tierra, es una clara advertencia que el IV Reich se acerca…

*"El hombre tiene que establecer un final para la guerra. Si no, la guerra establecerá un final para la humanidad"*.

–John Fitzgerald Kennedy

# Prólogo

## Wernigerode, Alemania
## 1935

Alexander Deike, el fornido y joven soldado se encontraba marchando a paso de ganso junto a la fila de guerreros quienes veneraban al *führer* como a un dios. En su rostro se notaba la falta de sensibilidad ante los dolores de la vida. Se había resignado a su nuevo destino y futuro. Desconocía el paradero de sus padres biológicos. Ya en su memoria no quedaba rastro alguno de tan siquiera la apariencia de sus progenitores. Como si le hubieran lavado el cerebro solo deseaba servir con todas sus fuerzas al que consideraba era el Mesías que regía en Alemania. Muchos años antes era un joven normal que llamaba la atención de las jovencitas por su apariencia alta, y su aspecto galante y de buen parecer. Fue de repente que junto a él se allegaron imponentes soldados de la SS. Cuatro soldados se le quedaron mirando detenidamente en las calles de la ciudad. Los soldados buscaban en su rostro rasgos y pedazos de un mosaico imaginario de lo que consideraban era el modelo de la raza aria. La raza que la religión del *führer* aseguraba provenía de los dioses. Antes que Alexander Deike pudiera reaccionar se encontraba llevado por la fuerza a una fortaleza y castillo de entrenamiento militar y religioso. Su corazón se le quería salir de su pecho. El miedo parecía arroparlo al verse lejos de los padres. Sus lágrimas salían, pero al mismo tiempo parecían evaporarse en el borde de sus ojos llenos de rabia. La rabia se ahogaba ante un imponente escenario mucho más fuerte que él. No estaba solo, eran miles los niños y jóvenes que corrían su misma suerte. Los líderes del partido nazi lo habían señalado para ser parte de los grupos de jóvenes que se convertirían en parte del partido nazi. Todo recuerdo doloroso por el alejamiento de su familia fue poco a poco llenándose por las doctrinas y filosofías religiosas y esotéricas elaboradas minuciosamente de parte de los líderes ocultistas que ahora controlaban toda su vida. Era adoctrinado en algo más que catolicismo o enseñanzas de milicia jesuitas. De lo que se trataba era de nuevos modelos de religión donde Hitler se elevaba como un Dios y Himmler como el sumo sacerdote. Los métodos de lavado de cerebro eran muy similares a los usados por los jesuitas. Su vida se fue moldeando a verse a si mismo como parte del clero y laicos adoradores de aquel hombre que dominaba con su mensaje vehemente la conciencia de todos. Su mente se fue rindiendo de tal forma que estaría dispuesto a morir por lealtad a aquellos que en un comienzo fueron sus verdugos. Su interior se llenó de un orgullo racial que le inculcaron en la mente. Estaría dispuesto a matar a todo aquel que fuera diferente. Fue preparado junto con miles de jóvenes para regir en un reino milenario. Como incentivo por su total entrega se le dio licencia de acercarse a decenas de muchachas complejamente selectas para procrear hijos sin ninguna clase de freno. Esos hijos o descendientes se convirtieran en la nueva raza aria perfecta que la dictadura buscaba exaltar a dioses sobre la tierra.

*"A una colectividad se le engaña siempre mejor que a un hombre".*

–Pío Baroja

# 1

# El enigma en las cartas

**Nuevo México**
**Año 2012**
**5:30 p.m.**

Daniel Godwin, el renombrado reportero de televisión, había ignorado el llamado a cenar a la mesa que le había hecho su esposa Elisabeth. La joven pareja apenas acababa de llegar de su trabajo. Elisabeth de forma rápida preparó la comida. La atención de Daniel había sido cautivada por unas misteriosas cartas que le había entregado su compañero de trabajo Eli Salem.

–Querido, la comida está a la mesa. ¿Vas a dejar que se enfríe? –dijo Elisabeth sentándose a comer.

–Amor, disculpa. Es que me distraje observando unas cartas que me dio nuestro colega Eli Salem.

–¿Cartas? ¿De qué? –preguntó Elisabeth.

–Se relacionan a las teorías de conspiración. –contestó Daniel.

—No, por favor. No me digas que siguen investigando esas falacias. —dijo Elisabeth.

—Bueno, de eso es lo que tratan las investigaciones nuestras de separar lo que es la falacia y la verdad. —dijo Daniel aprestándose a comer.

—Disfruta tu cena con calma y luego platicamos. —dijo Elisabeth.

Elisabeth, aunque igual que su marido trabajaba para la *Internacional Network and Global News,* ambos estaban dedicados a temas y proyectos muy diferentes. Elisabeth se caracterizaba por ser escéptica y trataba temas de seguridad y salud pública. En los últimos años se le había encomendado por la cadena de noticias la presentación de los temas sobre el tiempo y el clima. Por otro lado, Daniel Godwin trabajaba junto con su colega periodista Eli Salem en estudios socio-económicos, políticos y religiosos.

Al terminar la cena, Daniel continuó barajando las enigmáticas tarjetas que su colega le había brindado.

—A ver, ¿qué tienes en mano? —preguntó Elisabeth.

—Mucha gente se niegan a creer que exista una conspiración masónica con el fin de controlar el mundo, sin embargo, Eli Salem parece que ha encontrado pistas que puede arrojar luz sobre este tema. —comentó Daniel.

–¿De qué se trata? –indagó Elisabeth.

–Eli Salem me presentó un juego de cartas, al parecer hecho de la base de datos de los alegados conspiradores. En este juego de cartas se describe los planes de los Illuminatis sobre el mundo. Muchas de las ilustraciones de las cartas representan la manera cómo los grupos secretos manipulan los sucesos sociales para adelantar sus planes a nivel mundial. –respondió Daniel.

–Supongo que no se trata de nada serio. –dijo Elisabeth remilgando.

Daniel puso sobre la mesa decenas de aquellas cartas denominadas *INWO o "Illuminati New World Order"*. En la carátula se dejaba notar la caricatura de un hombre bien parecido y fumando una pipa el cual era la figura principal del juego. Al hombre de la pipa le llamaban *"Bob"*, y Eli Salem aseguraba que era un personaje símbolo del anticristo, ya que según él, dicho nombre era un mensaje subliminal del mismo *seiscientos sesenta y seis* cuando lo escribían en letra cursiva.

*«bob»* (666)

El lema del juego de cartas era *"Holgazanea y controla el mundo"*, y al dorso de cada una de las piezas aparecía la representación de una mano siniestra que

15

controlaba hilos de marioneta. Eli Salem parecía conocer que aquellas tarjetas más que un simple juego de cartas, eran ilustraciones de conspiraciones de los Iluminados estratégicamente difundidas como un simple juego de mesa muy popular y muy bien movido comercialmente. Un juego de cartas podría ser el disfraz perfecto para penetrar diversos mercados internacionales.

—¿I.N.W.O.? ¿Qué significa eso? ¿Qué clase de broma es esta? —preguntó Elisabeth tomando apresurada una de las cartas.

—Significa *"Illuminati New World Order"* o sea, el *"Nuevo Orden Mundial de los Iluminados"* —explicó Daniel.

—No me digas que seguirás creyendo las ideas de tu amigo Eli sobre los Iluminados y masones de los que tanto él habla en sus investigaciones y reportajes.

—Eso es correcto, pero nuestra labor es buscar evidencias. —contestó Daniel.

—¿Y qué Eli Salem pretende comprobar con eso? Cualquiera puede tener un juego de cartas. ¿Piensas que con caricaturas como lo son ese juego convencerán a alguien de sus teorías? —preguntó Elisabeth.

Elisabeth observaba una de las cartas de aquel juego el cual parecía similar a cualquiera, sin embargo, no eran cartas normales. En ellas se describían los planes mundiales de las estratagemas masónicas cuyo fin era entronar a un líder mundial.

Elisabeth procuraba descifrarlas sin resultado alguno.

—Deja que te explique. —dijo  Daniel.

—¿Quién es Steve Jackson? —preguntó Elisabeth al ver el nombre plasmado en la caja.

—Es un inventor de juegos. —contestó Daniel.

—¿No crees que sea exagerado afirmar que estos son los planes de los Iluminados plasmados en unas cartas de juego? —cuestionó Elisabeth llena de incredulidad—. ¿En qué se basan ustedes para afirmar eso?

—¿No puedes comprender aún viendo las cartas? —preguntó Daniel.

—¿Cómo voy a comprender si no las explicas? —contestó Elisabeth.

—Amor, dime, ¿Qué ves al dorso de cada carta? —preguntó Daniel enseñándole el extraño emblema.

—Veo una mano terrible que controla hilos de marioneta dibujada al dorso de cada una de ellas. ¿Qué significa eso? —preguntó Elisabeth con enigmática mirada.

—Es el mensaje subliminal que dice que los Iluminados mueven la sociedad como una marioneta. —contestó Daniel.

–¡No me digas! No me hagas reír. ¿Vas a seguir proponiendo la teoría que afirma que élites poderosas se han encumbrado en la cúspide de la sociedad y lo controlan todo como si el mundo fuera una simple marioneta. Oye, vas a tener que presentar mucha evidencia si pretendes que escuche tales afirmaciones. –dijo Elisabeth poniendo cara de escepticismo–. A ver, ¿de qué año es ese juego? –preguntó.

–Fue publicado en 1995 por *Steve Jackson Games*. –contestó Daniel mostrándole la caja.

–¿De qué manera piensas tú que esto muestra una conspiración o huellas de la misma? Además, ¿no crees que si fuera cierta dicha conspiración, ellos impedirían que estas cosas fueran publicadas? –cuestionaba Elisabeth.

–Bueno, necesitas sabes que el autor de dichas cartas fue perseguido por el Servicio Secreto y hasta le fabricaron cargos judiciales que se cayeron por falta de pruebas. Sin embargo, no pudieron impedir que lograra publicarlos. Aunque el mismo Jackson parece pertenecer a una clase de grupos secretos pues los mensajes son muy privados y terribles como para ser inventados por alguien que desconozca las metas masónicas a plenitud. –dijo Daniel

–Espera que vas muy aprisa. Todavía no compruebas nada. ¿Qué tiene que ver esta carta con lo que tú afirmas? –dijo Elisabeth tomando una de las cartas.

La carta que Elisabeth sacó se titulaba *"Gordo Remora"* donde aparecía un presentador de programas de televisión sentado en una sala de entrevistas donde esperaba a alguien que debía ocupar el asiento aun vació de sus invitados. El tema de la entrevista sería; *"Personas que creen en teorías de conspiración, ¿son locos o solamente muy estúpidos para vivir?"*

–¿Y eso qué piensas que significa? –inquirió Elisabeth.

–El mensaje implícito dice que aquellas personas que conocen la conspiración o siguen sus huellas serían tenidas por idiotas. Mientras los que creen negarla, creen estar en lo cierto y ser más inteligentes que aquellos que afirman que sí la hay. Ya que los conspiradores al actuar tras bastidores y utilizar la astucia del sigilo pueden maquinar socialmente y pasar como invisibles, aunque los efectos de sus acciones sí son palpables, es casi imposible mostrar evidencias concretas que puedan identificar a los verdaderos responsables de sucesos provocados. –explicó Daniel.

–En eso están correctos, ya que pienso que están loco de remate. ¡Oye! ya comienzo a creer. –dijo Elisabeth riéndose.

—Y ésta, ¿qué significa? —preguntó Elisabeth tomando otra carta y mostrándola a su esposo.

Elisabeth tomó una carta que tenía la representación de nueve jueces de la Suprema Corte de Estados Unidos y sobre ellos aparecía representado el símbolo del triángulo de la luz, usado por la masonería.

Elisabeth al verla, seguía incrédula y mirando con recelo la supuesta evidencia.

—Déjame adivinar, eso significa que la Corte Suprema de Estados Unidos está controlada por los masones. —dedujo Elisabeth.

—Aciertas en tu explicación. —contestó Daniel—. No solo eso, la masonería ha estado envuelta en la formación de la mayoría de los partidos políticos de todo el mundo.

—Los autores de esas cartas pueden afirmar lo que quieran pero siguen sin probar nada. ¿Habrá algo en esas cartas que sea verificable? —preguntó Elisabeth.

—Sí lo hay. —le contestó Daniel.

—¿Qué cosa? —preguntó Elisabeth intrigada.

—Aquí hay algunas cartas que nos muestran la destrucción de las torres gemelas el 9/11 del 2001, y también del ataque al Pentágono de ese mismo año; los ataques simultáneos en Londres en el 2005; el desastre del Columbia en el 2003; entre otras representaciones. –explicó Daniel poniéndolas sobre la mesa.

Elisabeth estaba perpleja al ver las imágenes de las cartas publicadas en 1995. Imágenes que detallaban de antemano al *World Trade Center* ardiendo en fuego, el Pentágono incendiado, edificios históricos de Londres siendo derribados, así como naves espaciales de Estados Unidos en grandes accidentes mortales. Cosas demasiado terribles para ser creídas por gente común ajenas a las acciones inescrupulosas de aquellos poderosos de la tierra entre los que se encontraban: familias y linajes poderosos, políticos, banqueros, falsos religiosos, economistas, accionistas y líderes de la sociedad que tenían como religión al ocultismo y paganismo.

«¿Cómo es posible que esos sucesos estuvieran de antemano en un juego de cartas como ese?» –se preguntaban Elisabeth.

Ahora lo que Daniel le decía comenzaba a tener sentido. Sin embargo, Elisabeth optaba por ignorar por voluntad propia esa realidad. En su mente revoloteaban muchas interrogantes. ¿Casualidad? ¿o realmente la sociedad estaba siendo manipulada como una indefensa marioneta?

Daniel le permitió palpar las cien cartas donde se detallaba por medio de imágenes el acontecer social descrito y planeado por alegados conspiradores.

Las imágenes hablaban por si solas. Toda una amplia gama de acciones e incidentes, así como de sucesos y accidentes premeditados se podían ver allí representados y su propósito era conducir al mundo a un siniestro Nuevo Orden Mundial con bases en el ocultismo. Se mostraban en aquellas cartas planes que apuntaban a la realidad social contemporánea completamente comprobada por los periódicos y noticieros. Desde acciones tales como la destrucción o alteración de datos de información de toda computadora en el planeta, también cosas terribles como los hechos de terroristas suicidas. También reflejaban la destrucción económica repentina de la sociedad así como el engaño y la decepción religiosa que se unía a la cadena de hechos de los que pretendían controlar cada espacio de la vida del individuo. Se trataba de usar a sus satélites colocados en puesto de mando y control para crear los problemas sociales que luego ellos mismos utilizarían para conducir al mundo a la solución propuesta por ellos. Se encargarían de ir privando poco a poco a los seres humanos de sus libertades, sometiéndolos dictatorialmente sin siquiera ellos darse cuenta. Por eso algunos llamaban a este sistema, la *"conspiración pieza maestra"*. Presentaban desde las terribles guerras mundiales, hasta los engaños religiosos utilizando supersticiosas prácticas de las sociedades secretas y masónicas así como el control de las mentes de las masas por técnicas subliminales en los medios de comunicación para establecer otra clase de valores diferentes a los cristianos y conducirlos hacia los objetivos de la desmoralización. Proponían el control de la economía, el monitoreo de cada hombre vía satélite, la preparación de artistas y gente de influencia para que arrastraran multitudes a los ideales y falta de valores del sistema del anticristo incluyendo ministros religiosos preparados por los gobiernos para el control de las masas por medio de mega empresas.

Aquellas cartas parecían ser retratos y profecías macabras de muertes y tragedias sociales elaboradas con premeditación y alevosía que incluía el genocidio y la utilización maquiavélica de armas biológicas creadas en laboratorios secretos para así exterminar naciones y para prepararle el camino a la llegada del príncipe de las tinieblas. El símbolo del anticristo estaba plasmado en cada carta del terrible juego así como el denominado "tercer ojo" emblema de los ocultistas. Aquellas ilustraciones mostraban a toda la tierra siendo de alguna forma víctima del sistema y gobierno invisible que se fue creando sin que muchos siquiera sospecharan de sus intenciones de control absoluto. Hablaban del dominio y sometimiento de todas las economías de la tierra y cada paso del hombre estaba cuidadosamente calculado. Se presentaban como los maestros de la macro sociología de las tinieblas capaces de predisponer y preconcebir el comportamiento de todas las naciones de la tierra en su juego por ser dioses. Se podían ver sus intenciones de distorsionar o retocar la historia y de ser capaces de hacer atrocidades para favorecer sus proyectos. No les importaría dejar niños sin padre y madre, destruir jóvenes, aniquilar a quienes ellos elegían para sacrificarlos a sus dioses de lo más bajo y oculto; fuera por medio de sangrientas guerras o por medio de catástrofes provocadas, programadas y controladas utilizando la manipulación de los acontecimientos y de la ciencia.

Los forjadores del Nuevo Orden Mundial se vestirían de fachadas religiosas de piedad, pero en su interior tendrían el espíritu hitleriano para procurar perseguir los mismos fines de aquel que llevó a cabo el holocausto. Se harían sentir en la sociedad de manera opresora y dañando la salud mental de sus víctimas y enemigos. Buscarían la manera de embrutecer la sociedad con abundancia de mosto y la proliferación del opio. Poseyendo la tecnología capaz de proteger al planeta, se harían ciegos y sordos con tal de conducir al mundo a sus planes maquiavélicos. Por amor al dinero y al poder, un puñado de élites poderosas de la tierra se irían adueñando de la energía mundial del petróleo y crearían horrendas maquinarias de monopolio y control. Enriqueciéndose de manera oscura extenderían sus tentáculos a toda área que les genere dinero tales como: bancos, laboratorios de fármacos y de químicos, explotación de recursos naturales y minerales como los diamantes, y todo aquello que prometiera ganancias monetarias. Su comportamiento sería siempre el mismo, procurar el control absoluto de todas las cosas usando diferentes grupos, organizaciones y diferentes fachadas. Los tentáculos de esa compleja maquinaria se dirigirían hacia el control de la política mundial, la economía y toda clase de grupos religiosos. Sus tentáculos someterían a los gobernantes quienes buscarían aplastar toda insurrección en su contra utilizando la influencia del poder religioso jesuita sobre los gobierno y exaltando el poderío papal como a Dios mismo como un medio de control social. Los papas romanos estarían controlados y sujetos a la totalidad de sus maquiavélicos planes. Procurarían golpear con toda su fuerza las plataformas sociales tales como: los gobiernos, las legislaturas, las universidades y sistemas educativos, sistemas de comercio internacionales, los medios de comunicación y las religiones. En los currículos de intelectuales, el humanismo secular sería enseñado en universidades para crear mentes ajenas a la verdad. En los medios de comunicación, se utilizarían los mensajes subliminales para lavar las mentes y crear intereses al molde satánico. En los deseos de prosperidad de la gente, la lotería del estado sería usada para enriquecer el nuevo orden mundial de la bestia. Se vislumbraba el retrato de los ignorantes a la verdad; gente común creyendo que nada malo sucede a su alrededor y negando aún la existencia del adversario de los hombres. Los intereses de la gente se conducirían a la búsqueda de dinero, gloria, placer, prosperidad, a cambio de aceptar el sistema del dictador mundial. Con su poderío económico y político se adueñaron de la ciencia y la usarían como arma contra los más indefensos. Serían los verdaderos responsables de la desmoralización de la juventud protegiendo la pornografía en los medios de comunicación. Crearían vicios de sexualidad para distorsionar y corromper la mente de los hombres y así adelantar sus planes luciferinos. Por medio de su control militar podrían usar la ciencia para manipula el clima y usarlo como arma militar para aniquilar a millones y a la misma vez quedar impunes y sin castigo por sus hechos al utilizar fachadas engañosas. No les importaría los millares de niños y mujeres que perecerían indefensos ante sus terribles maquinaciones y juego mortal con la naturaleza. Los satélites del tiempo serían usados para controlar el planeta; los proyectores de terremotos, para sacudir enemigos; los escuadrones suicidas y terroristas serían manipulados para ocasionar enfrentamientos, y la fuerza policíaca sería usada para suprimir a los enemigos del sistema y crear pánico social. Serían cosas muy terribles como para ser creídas por mentes simples. Así también los espías ubicados en puestos claves como las oficinas postales vigilarían que no se descubriera la conspiración de los que nunca tuvieron escrúpulos. La sociedad nunca sospecharía que eran sólo víctimas de una guerra que se liberaba sin cuartel por el alma humana y por el control total de la tierra. Con astucia utilizarían los grupos y sociedades secretas para conducirlos a los fines del nuevo orden mundial soñado por Hitler y que ahora ellos tenían como meta. Los grandes maestres de las logias poderosas en todo el mundo obedecerían metas y doctrinas inspiradas por el ídolo a quien llamaban *Bafomet*. Usarían la estrategia de reescribir la historia de los pueblos con miras a encubrir sus conspiraciones de los ojos de los hombres. Serían maestros del distorsionar la historia y muchos doctores y literatos se venderían a causa del dinero.

En las enigmáticas cartas de Steve Jackson se daban pistas de posibles epidemias y enfermedades preparadas en laboratorios para reducir la población de forma inhumana y terrible ejecutada por gobernantes inescrupulosos que vendían una imagen pública de gente de bondad, pero siendo lobos rapaces que en realidad procuraban cumplir sus genocidios de forma encubierta y secreta acusando a otros de sus atrocidades. Aquellas cartas parecían ilustrar asesinatos históricos de políticos y religiosos que serían considerados una amenaza a sus planes mundiales. Impondrían una mordaza social con la utilización de sus agencias para evitar que pudieran desenmascarar su conspiración pieza maestra. Las familias serían moldeadas por la influencia en sus mentes y serían controlados en todos los sentidos. Justificarían sus atrocidades con la idea de una meta final de un mundo unido y centralizado. Con falsas promesas y fachadas de paz extenderían su dominio en toda la tierra conduciendo la humanidad a la peor de todas las emboscadas. Se veía el reflejo y la ilustración en aquellas cartas de avances tecnológicos hechos en lo secreto, donde perseguían los mismos fines de Hitler, el sorprender al mundo con una guerra tecnológica supersónica y sacada del mismo infierno. Harían pacto con los demonios para alcanzar la sabiduría y adelantar el desarrollo de inventos y armamentos con el cual crearían el terror en toda la tierra.

La sociedad secreta masónica estaría vinculada a las intenciones de crear diversidad de cultos extraños que irían corrompiendo el cristianismo para procurar suplantarlo con falsos cultos. Las manifestaciones milagrosas serían un arma satánica para mantener a muchos en idolatría. Se implantaría una tecnología de monitoreo en cada hogar las veinticuatro horas al día para así mantener a todos vigilados. Los falsos cristos en toda nación serían responsables de confusión y alejamiento de la verdad, así como razón de burla de la gente ante los malos ejemplos puestos por los conspiradores.

Se podía observar en aquellas cartas el retrato o la ilustración del hombre moderno viviendo en descontrol por cosas materiales y así desviando su atención de los asuntos de importancia mundial, es decir, dejándoles el camino libre y sin impedimentos a los verdugos que se fueron entronando poco a poco. La difusión y el énfasis en el entretenimiento en todo medio de comunicación servirían como estrategia para mantener la sociedad ignorante y ciega ante el inminente establecimiento de la dictadura mundial.

Se ilustraba en aquellas cartas sobre la realidad social de negocios y fraudes hechos por medio de pandemias provocadas y de las ganancias resultante de los proveedores y dueños de las acciones sobre los medicamentos. Se advertía sobre tiempos peligrosos sobre la tierra. Algunas cartas hablaban sobre los planes militares secretos donde en el interior de la tierra se encontraría tecnología supersónica, lista para atacar a la humanidad semejante a la que ellos promocionaban en sus filmes de ciencia ficción; su meta sería someter los pueblos y perseguir a los opositores de una futura dictadura por medio de la robótica.

Serían pues los conspiradores quienes crearían las creencias distorsionadas de millares de gente en una utopía futurista. Guardarían registro y monitoreo de toda persona, sus creencias e ideales. Elaborarían listas de los opositores del sistema para procurar combatirlos de diferentes maneras. Procurarían someter a los humanos usando adelantos de diminutos artefactos que servirían para identificar, perseguir, sellar, monitorear y controlar aun la mente y las emociones si fuera posible.

Todas las aterradoras advertencias que aparecían en las enigmáticas cartas *INWO* contrastaban con las promesas de paz de la boca de los líderes religiosos y políticos que pregonarían a los cuatro vientos la seguridad y la tranquilidad de todas las naciones en un mundo de hermandad y cooperación internacional. Ya de antemano esas cartas parecían advertir sobre un líder mundial que llegaría al poder por medio de fuerzas de la oscuridad conspirando y maquinando contra la raza humana y una vez alcanzaran el trono de la tierra, marcarían a todos los humanos con un chip de control el cual se tornaría en contra de todos cuando el dictador se quite la máscara de benevolencia.

Elisabeth había quedado sumergida en silencio observando aquellas imágenes. La diversidad de acciones descabelladas que allí se ilustraban provocaban incredulidad.

–Querido, si estas cosas que ilustran estas cartas fueran ciertas, entonces vivimos en los tiempos más peligrosos que jamás haya vivido ser humano alguno. Ya en años pasados como por ejemplo del 1933 al 1945 el mundo pudo ser testigo de la tragedia ocurrida en Alemania cuando pusieron un líder ocultista al poder. Adolfo Hitler utilizó su poder e influencia para asesinar a millones de judíos de forma espantosa. Si eso se vuelve a repetir, entonces será mucho peor, ya que la tecnología que existe hoy día es mucho mayor. –dijo Elisabeth.

–Muy cierto. A la verdad que todos los hombres tenemos que buscar más de Dios como nunca antes. –comentó Daniel–. Hablando de eso, Eli Salem nos invitó a que le acompañáramos hoy a la iglesia que el asiste.

–¿De veraz? ¿Qué haremos entonces? –preguntó Elisabeth.

—Bueno, creo que debemos acceder a la invitación de Eli Salem. —contestó Daniel.

—De acuerdo, eso haremos. —preguntó Elisabeth.

*"…en los postreros días vendrán tiempos peligrosos"*.
—Apóstol Pablo (II Timoteo 3:1)
66 d.C.

# 2

# El pastor Lewis

Esa tarde de mayo había llovido y propiciaba el ambiente que invitaba a quedarse en casa y descansar temprano con el frío nocturno. El noticiero de la tarde ya había comenzado y se escuchaba en aquel hogar cada día.

—Súbele el volumen que no escucho nada. —dijo Elisabeth apresurada mientras se vestía para esperar la guagua de la iglesia cuyo chofer había quedado en recogerlos.

Elisabeth era muy bella y sobresaltaba su hermoso cabello largo y rizo. El ajetreo de la tarde le hacía peinarse a toda prisa mientras su marido avanzaba un poco más que ella.

—Amor, es que la cadena de Capitán parece que se le enredó en su cacerola de comida. —dijo Daniel mientras se arreglaba su vieja corbata frente al espejo—. Ya mismo iré a desenredarlo.

El sonido del televisor que estaba bastante alto presentaba las noticias de la tarde.

*"Y pasando del tema del Priorato de Sión y las acusaciones de una agenda secreta..,* –cambió de tema–. Vamos a las noticias de Estados Unidos: *El presidente de los Estados Unidos de América, George Bush, ha alentado los esfuerzos comunes de diversos países como una meta comunitaria para lograr el Nuevo Orden Mundial...* –seguía la noticia que narraba el periodista de televisión: *"Queremos una sociedad justa y sin barreras sociales. Queremos la libertad entre los pueblos de la tierra, y que se promuevan los ideales de democracia. Nuestra meta en la nación americana es eliminar todas las limitaciones, así como los europeos quienes han comenzado a adelantarse en estos logros. Queremos una sola economía, una raza, una lengua y la unidad económica que nos permita el avance mundial en todas las áreas de progreso humano. La globalización no es una alternativa sino nuestra única opción de supervivencia para poder asegurar la estabilidad social, el progreso, el adelanto, y el bienestar de todos los habitantes de la tierra. Esto es un asunto de supervivencia dentro de la más alta sociedad. Es eso lo más sabio, de lo contrario le abrimos las puertas a la escasez y a la desgracia."* –se oía la voz del presidente de Estados Unidos en aquel televisor captando la atención de Daniel que volvía de atender a su mascota.

–Como cambian las cosas… ¿Quién diría que ahora todas las naciones pregonan la intención de unir esfuerzos para crear un nuevo orden secular buscando un mismo fin mundial.

–Así es, amor. –contestó Elisabeth fijándose en el noticiero mientras aún arreglaba su cabello.

Capitán, su lanudo perro *Collie Barbudo*, comenzó de forma inquieta a moverse de un lado a otro anunciando que se acercaba un auto.

–Amor, termina pronto que ya viene Eli Salem junto con el chofer de la guagua de la iglesia a buscarnos. –le dijo Daniel mientras aseguraba bien a Capitán en su pequeña casita de madera.

–¡Ya voy! –exclamó Elisabeth–. –dijo apresurada de un lado a otro al percatarse del sonido de la guagua.

La alarmante bocina de la guagua de Don Guillo pronto los impulsó en su apuro. Elisabeth aseguró su casa con llave. Esa vieja guagua Ford F100 de 1953 todavía corría como nueva y Don Guillo aseguraba que cincuenta y tres años no eran nada. «Los viejos todavía servimos» decía jocosamente cada vez que se bromeaba con sus pasajeros sobre la reliquia del modelo.

–¡Saludos! –dijo Don Guillo en alta voz como era su costumbre al tratar con confianza a sus pasajeros; dejando notar su blanca calva por la ventana de la guagua.

Eli Salem los presentó de manera muy amable y cortés. Elisabeth y Daniel procuraron asegurarse en sus asientos.

–Les presento al viejo Guillo. –dijo Eli Salem bromeando con el anciano.

–No bromees mucho que nada nos detiene en la juventud. La vejez es honra y sabiduría. –dijo Daniel.

–Así es. Este es un hombre inteligente. – comentó Don Guillo refiriéndose a Daniel.

Con alegría se dispusieron en el camino hacia la iglesia. Don Guillo era muy querido por la gente de la comunidad. Su nombre era Guillermo pero cariñosamente le decían Guillo, pues él, así lo prefería. Constantemente edificaba a sus pasajeros con su ejemplo de persona íntegra y de confianza. Más que una amistad sincera era un amigo ideal que todos querían acaparar para sí. El mismo bromeaba de su falta de cabellera y solía decir: "Dios hizo pocas cabezas perfectas, las demás las cubrió con cabellos". Por lo general, tenía un alto tono de voz que no caía en austeridad sino que inspiraba confianza y respeto. Con sanos comentarios invitaba a la conversación a niños y ancianos que recogía en su guagua para llevarlos amablemente a la iglesia día a día.

–Guillo, ¿escuchaste las noticias de la tarde? –preguntó Eli Salem entablando conversación.

—Escuché parte de ellas, pero como sabes; interrumpo las noticias para salir temprano a buscar los hermanos. ¿Qué dijeron? —indagó Don Guillo.

—Estaban hablando sobre la creación de un nuevo orden mundial. —dijo Eli Salem.

—Cierto, yo escuché parte de ellas también. —interrumpió Daniel.

—¡Ah!, ¡Sí¡ —exclamó Don Guillo— Ese es el tema del momento. En años anteriores parecía haber cierta competencia entre el bloque occidental y el bloque europeo. Recuerdas, los pioneros fueron las doce naciones: Francia, España, Bélgica, Alemania, Irlanda, Italia, Luxemburgo, y… ¿Quién se me queda? —rebuscaba en su mente.

—Se te quedan muchos más pues se han ido aumentando drásticamente y se espera siga creciendo el número de miembros... —añadió Eli Salem—. Ahora otras naciones van de la mano hacia los mismos fines. La unidad mundial. Y si no lo saben, es parte del cumplimiento profético para este tiempo. Pronto le pediré al pastor que nos traiga un estudio sobre el tema.

—Oye Eli, ¿piensas que las grandes potencias como Estados Unidos finalmente sean integradas por la maquinaria europea del Mercado Común? —preguntó Don Guillo.

—Las profecías bíblicas parecen apuntar a esa dirección, aunque a muchos les cueste creerlo. —respondió Eli.

—Allá en la sala de redacción de la cadena de noticias se habla mucho sobre diversos sucesos nebulosos en la política internacional. —comentó Daniel.

—Sin duda alguna que las diferentes naciones se han ido rindiendo a los intereses de la globalización y de los grandes intereses. —comentó Eli.

—Así es. Cuando tenga la oportunidad voy a hablar con el pastor de la iglesia para que presente un estudio sobre todas estas cosas y su relación con la profecía de la Biblia. —dijo don Guillo.

—Eso me gustaría escucharlo. —dijo Daniel.

—A mí también. —dijo Elisabeth.

—Pero él había quedado en dar un estudio, no sé si será hoy, pero la semana pasada él hizo unos anuncios sobre un tema similar. —dijo Eli Salem.

—Lo importante es que conozcamos el tiempo en que estamos viviendo. Vivimos en unos días difíciles en los cuales es necesario buscar a Dios. —dijo Don Guillo suspirando.

Aquella noche era miércoles y luego de que los jóvenes dirigieron las melodías y alabanzas y leyeran la Sagrada Biblia, el pastor de aquella pequeña iglesia llamado David Lewis, se dispuso a mostrar un estudio escatológico.

El pastor Lewis se caracterizaba por la ausencia de libras y algunos descuidos en la combinación de su corbata. Cuando se le comparaba a Don Guillo parecían la pareja histórica del Gordo y el flaco de Stan Laurel y Hardy, con la diferencia que en pastor Lewis y Don Guillo no había combinación de chaquetas. Sin embargo, esas pequeñas diferencias no detenían en nada el poder que irradiaba del pastor Lewis al predicar con denuedo. Mientras que Don Guillo ya alcanzaba los cuarenta, el pastor Lewis sólo tenía treinta y cinco años.

Aquella noche había una preciosa presencia que se sentía en el ambiente, momento propicio que abría los oídos de los feligreses para atender la prédica. Esa noche el énfasis del mensaje se dirigía al tema de la profecía cumplida y la inminencia del retorno del Mesías. El predicador apercibió al pueblo que el tiempo estaba muy cerca cuando estudiaron juntos las profecías de Daniel, Revelación, Mateo, y decenas de ellas.

Esa noche el pastor les hizo comprender que los tiempos se pondrán muy difíciles y peligrosos sobre la tierra, pero en medio de esa trágica realidad había una esperanza para el mundo. El pastor David Lewis instó a la congregación a seguir trabajando y velando hasta que Dios los tomara para sí. Él no era esa clase de evangelista que obstaculiza la obra de Dios impartiendo dejadez en los laicos, sino que les repetía una y otra vez que el día de la venida del Señor encontraría a gente moliendo en un molino y unos serían tomados y otros dejados. "No hay excusa para no trabajar" –afirmaba siempre–. "Los que le pertenecen a Dios son conocidos por él. Y donde esté el Señor, allí ellos irán a encontrarle". –les decía.

El pastor Lewis era un ejemplo de trabajo pues en lo secular se desempeñaba como carpintero y luego del cansancio cotidiano atendía a su iglesia. Nunca presentó excusas para dejar de ser así. Él era fiel admirador de Pablo y procuraba no ser gravoso a la humilde congregación. Esta buena actitud hacía que la comunidad reconociera el testimonio de hombre de bien a la sociedad pues en muchos lugares tenían la mala impresión que muchos pastores eran unos ociosos que sólo buscaban ser mantenidos por los laicos. Lewis se cuidaba mucho de estos obstáculos y prefería trabajar para mantener su familia y a la vez que evitaba que los murmuradores tuvieran madera para hacer leña. Gente como él, eran muy queridos en ese lugar y todos le abrían sus puertas para brindarle de todo cuanto necesitaba. La sociedad era bendecida cuando colaboraba con la obra de Dios y aún el simple hecho de dar un simple vaso de agua para calmar la sed de los ministros siempre era recompensado. A muchos les resultaban fuerte las palabras que repetía a menudo: "El que no trabaje que no coma", pero no eran originales propias, sino que era un texto bíblico que aplicaba bien. Esto era para alentar a los ociosos y vagos a hacer algo positivo por sus vidas y abandonar el ocio que los mantenía estancados en vidas apagadas y sin utilidad. Él no podía decidir por los alcohólicos y abandonados del barrio pero sí podía inyectarlos con palabras de poder. De esta forma había en la congregación personas que una vez habían sido pordioseros pero al escuchar las palabras de disciplina combinadas con amor recibieron fuerzas para darse otra oportunidad en la vida y se abrieron los cielos para ellos y de esto eran testigos varios jóvenes dentro de su congregación.

Esa noche el sermón se extendió un poco más de lo acostumbrado. El ministro creaba conciencia de la inminencia del arrebatamiento.

El pastor Lewis caminaba de un lado a otro en el púlpito pronunciando grandes palabras mientras la congregación tenía los ojos fijos sobre él y su mensaje.

—"*Pronto el mundo y toda sociedad sobre la faz de la tierra, conocerá que la Sagrada Biblia no es un libro de mitos o fantasías originadas en la mente de los hombres. Satanás ha creado huecas filosofías religiosas para desviar a los creyentes de la esperanza del arrebatamiento. El evangelio ha recorrido la tierra y donde cayó la buena semilla ha nacido fruto de salvación. Ya la mies está madura y pronto viene el viñador a recoger el precioso fruto. Ya la era está en su mano y pronto comenzará a separar lo que sirve de lo que perecerá. El Señor recogerá a su pueblo a las moradas celestiales así como él lo prometió.* —afirmaba el pastor Lewis vehemente y la gente de la calle se detenía para escucharle y verle predicar por las ventanas del templo—. *En el libro de Mateo, capítulo veinticuatro habla de un día de sorpresa para la humanidad que camina lejos de Dios. Cuando el Señor recoja a los vencedores firmes en la fe, ese día será el crujir de dientes para los dejados atrás en esta tierra que pasarán por la hora de la prueba más terrible que jamás se haya registrado en la historia, cuando el antimesías reciba poder para reinar de mano del misterio de la iniquidad que se organiza políticamente. Aquellos que se queden ese día del arrebatamiento recordarán una y otra vez lo que de antemano se decía cuando Jesús apercibía sobre esta terrible hora.* —predicaba Lewis.

Al terminar el servicio, Daniel no cesaba de preguntarle a Eli Salem sobre las afirmaciones del pastor. ¿Realmente la Biblia predice un momento en futuro donde miles de personas desaparecerán de la tierra de forma milagrosa por el retorno del Cristo? Estas eran algunas de las preguntas que revoloteaban en la cabeza de Daniel el oír al predicador. Eli Salem procuraría contestar cada pregunta de su amigo y mostrarle la verdad.

*"La guerra es el arte de destruir a los hombres, la política es el arte de engañarlos".*

–Jean Le Rond D' Alambert

# 3

# La decisión

La noche avanzaba y Daniel conversaba con Elisabeth mientras hojeaba unos documentos que le había brindado su colega Elí Salem. Ambos trataban de encontrar evidencias de la relación con la política de grupos como: la Comunería, B'nai B'rith, Sociedad Teosófica, Calavera y Huesos, Logias, Club de Fuego, Iluminados, Aurora Dorada, Estrella Plateada, Rosacruces, Bilderberg y la Sociedad Thule, entre otros, aparentemente estaban enlazados a los planes de control y de elaboración de un denominado nuevo orden mundial. Ambos periodistas buscaban huellas que pudieran arrojar luz sobre el origen y las motivaciones de los francmasones al pretender conducir a la sociedad a un nuevo sistema totalitario. Ambos periodistas estaban seguros que eran muchos los grupos que estaban siendo influenciados por aquellos que forjaban las bases de la unificación de toda economía, política y religión. Eli Salem era precisamente, uno de los pocos periodistas que estudiaban a fondo las sociedades secretas y le seguía las huellas de tal forma que tenía vasta documentación que envolvía aún a los mismos presidentes de diversas naciones, así como grandes líderes religiosos que eran tenidos en estima por la sociedad.

Daniel aunque confundía sus papeles con los de su amigo, ahora parecía interesarse en tratar de buscar el significado religioso en los hechos de toda la realidad política contemporánea.

—Amor, ¿recuerdas lo que dijo el pastor Lewis sobre el futuro líder mundial? —preguntó Daniel buscando su vieja Biblia.

—Estuve meditando en eso, al parecer ese enigmático personaje estará asociado a una marca con el número seiscientos sesenta y seis. —dijo Elisabeth.

—¿Será posible que la humanidad sea conducida hacia dicha atrocidad social? ¿O es que nos hemos quedado dormidos mientras un monstruoso sistema político y religioso se ha levantado en nuestras propias narices? —cuestionaba Daniel.

—Si entendí bien el mensaje predicado por el reverendo Lewis, él asegura según la Biblia que aquellos que depositan su fe en Jesucristo serán librados de las maquinaciones del sistema.

Aparentemente auguran una nueva catástrofe social similar al Holocausto de 1933. ¿Cómo pueden estar tan seguros de lo que creen que acontecerá el día de mañana? –indagaba Elisabeth.

–Lo que sucede es que piensan que la Biblia es la Palabra infalible de Dios y por lo tanto creen que en ellas se encuentra el destino escrito de la humanidad. Luego al leer el Apocalipsis parecen encontrar evidencias de un sistema maligno que aseguran dominará la tierra por algún tiempo determinado. A esto hay que sumarle la realidad social del innegable egoísmo humano y las luchas por el poder y control mundial. Es muy cierto que hay grupos que se han dedicado a controlar la energía mundial y se han enriquecido. Han creado grandes monopolios y se han extendido a diferentes áreas sociales que les generan mucho poder y riquezas. Han creado un entramado religioso y político que reúne a las élites más poderosas de la tierra. Sus tentáculos se han evidenciado por medio de las decisiones tomadas por grupos de gran influencia mundial. Esas decisiones nos afectan a todos de una forma u otra. Eli Salem asegura que esas influencias se evidencian en un control sobre todas las plataformas sociales. Parece que un sistema totalitario nos ha adormecido y vamos rumbo a una catástrofe. –comentó Daniel.

—Te diré algo. Todo esto me da temor. Sé que el ministro Lewis no está hablando de fantasías, mitologías ni cosas de la imaginación humana. Ya los gobiernos están hablando del establecimiento de una marca de compra-venta por medio de un microchip controlado por medio de satélites. Entrar bajo ese control, sería entregarle todo el poder de nuestra libertad al estado. Hasta hoy, no existe hombre digno de confianza. Creo que debemos tomar una decisión respecto a esto. —dijo Elisabeth.

—Así es. Estoy de acuerdo. Creo que la historia se puede repetir. Ya la historia nos mostró de lo que es capaz la maldad humana. Si realmente ya tenemos evidencias de una nueva amenaza social similar a lo causado por Hitler, entonces iremos en la dirección opuesta. La dirección opuesta a la maldad es el bien que se encuentra en Jesucristo. Eso haremos. Esa es la única salida ante la catástrofe que se avecina.

Aquella noche el joven matrimonio se puso de acuerdo en su fe y elevaron plegarias a Dios poniendo su esperanza en la misericordia de Dios y en el mensaje dado por el ministro Lewis. Desde aquel momento se encomendaron a Dios en todos sus asuntos.

*"...cuando digan: Paz y seguridad, entonces vendrá sobre ellos destrucción repentina, como los dolores a la mujer encinta, y no escaparán".*

–Apóstol Pablo (I Tes. 5:3)
51 d.C.

# 4

# Sobre el fin de los tiempos

Habían pasado ya seis meses desde que Daniel y Elisabeth se propusieron acercarse a la vida de la fe y seguir los consejos del ministro. Sentían preocupación por el inminente desarrollo de un gobierno mundial totalitario y las implicaciones proféticas que pudiera tener sobre la vida de millares de gente. Comenzaban a sentir la inquietud de llevar un mensaje de alerta a la gente para que pudieran encontrar una salida al igual que ellos. Una noche conversaban sobre sus inquietudes.

–Las Escrituras afirman el líder mundial que regirá al mundo en los tiempos del fin se podrá identificar por medio de un número de su nombre tal y como lo ha predicado el reverendo Lewis. Es pues el seiscientos sesenta y seis, el sello de identificación del sistema del mal. Esto significa que ese sistema ocultista se las ingeniará para lavar la imagen negativa de ese número y proponerlo como algo positivo y de bienestar. No es de extrañar que quiera presentarlo como el número de buena suerte. –dijo Elisabeth.

–Tienes razón. El enemigo es padre de mentira y sabe como entontecer al hombre hasta llevarlo a su trampa para destruirlo. Yo me daré a la tarea de investigar como progresa el cumplimiento profético en ese tema. –reaccionó Daniel.

–¡Muy buena idea, amor! –reaccionó con entusiasmo.– Recuerda que él, como padre de mentira viene a robar, matar y destruir. ¿Recuerdas ese texto que dice que, *"los dichos de la boca del impío son más blandos que la mantequilla, pero hay guerra en su corazón; suaviza sus palabras mas que el aceite, más ellas son espadas desnudas"*? –preguntó Elisabeth haciendo referencia al salmista.

–Así es, el enemigo vendrá con gran engaño y como gran pacificador y de gran adelanto humano. De otra manera no ganaría adeptos. El reverendo Lewis nos habló de las profecías del libro de Daniel, Revelación y Mateo. Creo que el estudio que Lewis presentó es bastante claro. ¿Sabes otra cosa que me sorprende? –comentó Daniel.

–¿Qué querido? –preguntó Elisabeth.

–Me sorprende la manera de como los ocultistas se las ingeniarán para encumbrar a su líder e introducirlo sobre las naciones. ¿Cómo es posible que las naciones acepten esa tragedia sobre ellos? –

cuestionaba Daniel pensativo y preocupado–. Este tema también tiene intrigado a Eli que ha estado investigando el cumplimiento profético y las teorías de conspiración por varios años. Sin embargo, aún no saca a la luz todas sus investigaciones como si estuviera esperando un momento específico. Personalmente nunca me ha dado por adentrarme como él en su pasión por estos temas. A veces me sorprende con sus cosas. Hasta se atrevió a decirme que sabía la localización exacta del arca del pacto de Israel y que diversas sociedades secretas han hecho lo imposible por poseerlo ya que lo consideran un objeto poderoso. En medio de todas esas aparentes locuras de Elí, por lo menos se dedica a estudiar la profecía desde la perspectiva cristiana.

–Así es. Así como hace tu amigo, es necesario conocer lo que sucede en este tiempo y ver cómo se cumplen las profecías. –comentó Elisabeth.

–Se acerca sobre la tierra un tiempo de sangre, muerte y tribulación. –dijo Daniel.

–Quisiera creer que eso no es cierto, que eso no va a pasar. –dijo Elisabeth con preocupación en sus ojos–. Oye, ¿pero no te parece extraño que tu amigo Elí afirme que unos grupos de personas lo estén presionando para sacarle información sobre el arca del pacto? –dijo Elisabeth con expresión de rareza–. ¿Qué tiene esa gente que buscar en las cosas bíblicas?

–Bueno, de lo que he escuchado de Salem, él dice que existe una especie de complot mundial para adueñarse del patrimonio judío. Grupos de gente adinerada se han introducido en toda esfera de dominio judío para arrastrarlos a todos de manera astuta y dominar sobre ellos, haciéndoles creer la supremacía de su raza. –dijo Daniel.

–¡Uy! Esos temas suenan como si fuera ficción. Una larga trama que no voy a escuchar ahora, ya que me estoy cayendo del sueño. Mañana hablaremos de eso. –dijo Elisabeth bostezando.

–Sí amor, ya es muy tarde en la noche. –dijo Daniel haciendo eco del bostezo de su esposa.

–El deseo de Dios es que nada de eso hubiera tenido lugar, pero sabes que el hombre cava su propia tumba al alejarse del dador de la vida. Yo siempre he creído que el hombre hace el bien si quiere y si quiere se arrepiente y da frutos de salvación para vida en vez de sembrar y cosechar muerte –dijo Elisabeth bajando el tono de voz.

–Muy cierto. Ojalá que la humanidad pueda reaccionar a tiempo y puedan ver la luz. Solo bajo la sombra y abrigo de Dios la gente podrá estar segura. –dijo Daniel suspirando.

Cada noche aquel joven matrimonio se encomendaba a Dios. Sólo así encontraban el descanso para sus corazones.

*"Guarda mi vida del temor del enemigo. Escóndeme del consejo secreto de los malignos, de la conspiración de los que hacen iniquidad…"*

–Salmo 64:2

# 5

# Huellas de una conspiración

La tarde estaba menguando y el calor se iba disipando en Nuevo México cuando Eli Salem, el prestigioso y renombrado periodista se encontraba en su oficina inmerso entre sus libros e investigaciones. Sus padres siempre lo apoyaron en su interés de superarse y hacer el bien. El corazón de sus padres se encontraba satisfecho al ver que su hijo había cumplido su sueño de ser un reportero y periodista notorio en la ciudad. Desde niño se interesó en llevar la verdad. El poder brindar respuestas a los problemas sociales y a las inquietudes y necesidades de la gente. Ahora algo halaba toda su atención. Tenía la corazonada de que algo no andaba bien en la sociedad. Podía observar la sociedad y llegar a conclusiones alarmantes. No podía apartar de su mente el horrendo cuadro de un mundo controlado por parte de grandes monopolios creados por grupos privados sobre las principales fuentes de energía. Un mundo donde el dinero era la raíz de todos los males. Las naciones se vislumbraban esclavas de las deudas hacia aquellos grandes dueños y amos de todo. Hombres egoístas fueron controlando y enriqueciéndose de forma inteligente por medio del petróleo. El poder adquirido era tal que usaban sus riquezas para entorpecer y detener el progreso o el conocimiento que propusiera nuevas fuentes de energía. Explotaban al máximo la vieja manera de obtener la energía del mundo. Con el mundo arrinconado contra la pared, extendían su poder hacia los bancos, laboratorios y recursos naturales importantes. Élites de adinerados y poderosos se fueron imponiendo cada vez más fuerte. Lograron tener a todas las naciones de la tierra completamente a sus pies, totalmente dependientes de ellos. Extenderían préstamos a los gobiernos a cambio de egoísta usura. El fruto de la usura vino a ser la esclavitud de las naciones.

En aquel cuadro Eli Salem podía sentir la humillante opresión social causada por el control sobre la prensa. Las élites adineradas y controladoras se encargaban de poner una mordaza sobre todos los diarios importantes del mundo. Ellos serían los verdaderos dueños de la información y se disfrazaban de políticos de diferentes tendencias, fueran demócratas, socialistas, republicanas o anarquistas, todos vendrían a ser meras marionetas de vanas opiniones repetidas constantemente que no podrían alterar de manera alguna el control establecido por las élites poderosas. Clasificaban las noticias y solo permitían exponerle al público aquellas ambiguas y controladas de tal forma que no alteraran su control. Para lograr esto, erigieron organizaciones donde impondrían sus ideas sobre el resto del mundo.

La hipocresía de este sistema de control se vería de forma marcada haciéndose amigos de todas las corrientes políticas y religiosas, pero a la vez procurando controlarlas. Se presentaban como amigos de los pobres y de los obreros. Ganaban su confianza, fueran comunistas, fascistas o anarquistas, pero detrás de todo, el control y la manipulación parecían reinar sobre todos.

El mundo religioso y profesantes de la fe recibían el impacto de impostores preparados para orientar las creencias hacia los fines materiales determinados por las élites poderosas. Se encargaban de leudar toda la masa con doctrinas materialistas basadas en sus cálculos hechos de antemano. Se propondrían como maestros entre los religiosos y atraerían a muchos utilizando toda clase de fachadas.

La gente se perfilaba confundida, exhausta y hastiada de la política por medio de las estrategias de control siendo impuestas sobre todas las naciones. De esta manera, la opinión pública era reducida a nada útil en cuanto a cambio alguno.

La inflación sobre todos los artículos parecía esclavizar a todas las naciones. Antes de que pudieran reaccionar se veían presos del sistema. La economía estaba controlada para favorecer a los grandes intereses.

La política poseía una fachada de liberalismo en todos los órganos que componían el estado, sin embargo era modificada conforme a los intereses de las élites controladoras. El totalitarismo impuesto sobre el mundo por parte de los grandes intereses se burlaba de la constitución tras bastidores y sus oscuras acciones eran encubiertas. Las élites que se habían convertido en los amos de los gobiernos se proyectaban como dioses quienes dictaban sobre las leyes. Los presidentes electos vinieron a ser monigotes de los grandes intereses, sin embargo a los electores se les hacía creer que colaboraban de alguna forma para la mejora de los estados al ser parte de asociaciones y comités diversos.

Sobre la familia imponían sus agendas procurando reducir su poder educativo e imponiendo y moldeando las mentes a los ideales del estado de antemano controlados.

Los líderes políticos conducirían a las masas al caos y a la falta de dirección, de esta manera, aparecería en escena los candidatos ya predispuestos a ocupar los lugares de preeminencia y bajo las directrices globales de un nuevo orden. Los amos del mundo procurarían comprar la conciencia política por medio del chantaje y la exaltación de la codicia.

Como parte del poder de las élites, impondrían un control sobre la alimentación de las masas. La promoción de la escasez, la opresión sobre los trabajadores servían para controlarlos. Para eliminar aquellos terratenientes independientes autosuficientes se propondría el irle restándole tierras y encareciendo sus tributos.

Las guerras no eran otra cosa que no fueran el resultado de intrigas y conspiraciones para conducir al enfrentamiento de poderes y de esta manera abrirle el paso a la voluntad de la agenda de las élites más ricas de la tierra controladoras de todo.

La educación controlada conducía a crear mentes esclavas que no podían librarse de la obediencia ciega a absurdas teorías planeadas de antemano para mantener a las masas presas del control de las élites. El control de las universidades, de la opinión científica y de los diarios, exaltarían a los controladores y el pueblo se presentaba siguiendo las directrices de renombrados científicos e intelectuales que en realidad era ídolos creados de antemano para ser alabados y seguidos, como parte de un plan que conducía hacia el nuevo orden planeado.

En todas las naciones de la Tierra crearon logias masónicas responsables de atraer gente que serían los prominentes y renombrados líderes de la sociedad pero siendo adoctrinados a los intereses globales preestablecidos. La masonería estaba ligada a la formación de partidos políticos diversos que luego jugaban como marionetas para conseguir los designios sociales de la élite. Establecieron un centro filosófico y religioso de control que regía sobre todas sus reuniones secretas. Las directrices de aquellos a quienes llamaban los soberanos grandes inspectores generales obedecerían a los designios de los jesuitas y su fascista papa negro. Su ídolo estaría representado en sus muchos símbolos ocultistas. Desde los primeros grados de aprendiz y compañero hasta el alto grado 33, todo perseguiría introducir a sus miembros en la ideología tenebrosa del ocultismo. Utilizaban el sigilo y la fachada de seres filántropos y de buenas obras, pero en sus mentes reinaría la doctrina fascista de conducir y controlar todo lo que existe a los intereses de los ricos. Reuniones guiadas desde el secreto y la oscuridad eran el ambiente propicio para realizar ceremonias llenas de símbolos diversos que iban cambiando de significado de acuerdo a la profundidad de los grados. Las sociedades secretas se acercaban cada vez más a los ideales y metas que una vez tuvo Hitler quien se consideró a si mismo un dios. Reinarían los secretos y muchos de los grados inferiores irían como ovejas al matadero siendo guiados por sermones de ideologías diversas que llenaban sus mentes de vanas conclusiones que al fin y al cabo respondían a los grandes intereses de los maestres sumisos a las élites del nuevo orden. ¿Cómo podría la sociedad darse cuenta de los planes secretos de los forjadores del nuevo orden? De la misma manera, ¿cómo podrían las muchas logias entender el verdadero significado de los ritos si constantemente se los presentaban de diversas maneras y a veces desconectados de sus verdaderos fines y propósitos? El disfraz necesario para seguir adelantando sus planes y la sociedad continuaría luchando contra un poder invisible que buscaría regir desde las sombras.

El entretenimiento, una de las armas más mortales promocionadas por las élites de poder serviría para envolver a todos en toda clase de intereses pasajeros y sin propósito. Mentes holgazanas vacías y huecas constituían el camino libre de aquellos que procuraban someter todo alrededor. Las propias guerras serían parte del resultado de aquellos que no hicieron nada por impedirlas estando envueltos en toda clase de actividades vanas y placeres de la vida.

La muerte sería el camino hacia donde políticos, religiosos y poderosos conducirían a aquellos pobres e indefensos. Todo aquel que fuera considerado un obstáculo en sus planes globales sería silenciado.

Toda aquella innegable realidad halaba la atención y los pensamientos de Eli Salem. Era imposible dejar de pensar en ello. Cuando trataba de concentrarse en sus muchas investigaciones, había una inquietud que lo hacía volver al mismo lugar de tratar de descifrar y descubrir aquel poder que se erguía como amo y señor del mundo.

Como periodista y reportero, Eli Salem siempre quiso saberlo todo. Pero, ¿cómo entender o tratar de comprender las acciones de una élite invisible? Los hechos sociales eran innegables pero la escurridiza presencia de los instigadores parecía burlar la vista de todos.

Eli tomó su bolígrafo *Cartier* y continuaba escribiendo un libro en el cual compartir con todos de sus hallazgos. ¿Cómo guardar silencio de todos sus descubrimientos? ¿Cómo quedarse callado? Le resultaba imposible. Su mano pretendía ser su voz para aquellos que estaban en la distancia y su bolígrafo vino a ser el de un escritor muy veloz impulsado por advertirle al mundo sobre los posibles peligros del mañana.

El timbre del teléfono interrumpió de forma súbita su soledad.

–Sí, diga. –contestó Eli Salem.

–¡Saludos!, soy yo Daniel. Es para decirte que voy de camino a tu oficina. –le comentó Daniel.

–¡Que bien! Pues necesito colaboradores para el libro que estoy haciendo y necesitaré que me ayudes con algunos proyectos. –dijo Eli.

–¡Perfecto! En breve estaré por allí. –dijo Daniel apagando el teléfono celular.

*"En la sociedad no todo se sabe, pero todo se dice".*
−Jacques Anatloe Frances

# 6

# El ojo de Horus

Daniel Godwin llegó a la oficina de su colega Eli Salem, quien se encontraba sumergido entre papeles y procurando organizarse de sus trabajos e investigaciones. La atención de Daniel fue cautivada por la copia de un viejo plano de ingeniería que Eli Salem había abierto sobre una mesa. En aquel plano estaban detalladas las calles de Washington y se podía notar lo que parecía ser la forma de un pentagrama que cuadraba perfecto con edificios masónicos en cada una de sus puntas.

—¿Qué es todo esto?, no me digas que ahora funges como ingeniero. —comentó Daniel.

—Nada de eso, sigo las huellas de una conspiración. —contestó Eli Salem.

—¿De qué manera piensas que estos planos de ingeniería de algunas ciudades tienen algo que ver con una conspiración? —preguntó Daniel—. ¿No estarás desvariando como Jerry Fletcher, el personaje que hace Mel Gibson en la película "Teorías conspirativas"? Recuerdas, el personaje del filme que veía una conspiración en cada esquina.

—Claro que no, por eso me dedico a buscar evidencias y no me baso en ideas o especulaciones. Tú mejor que nadie sabes que todo lo que sucede en la sociedad responde a los grandes intereses de aquellos poderosos que controlan las fuentes de la energía, y se han enriquecido a costa de los demás y han extendido sus dominios hacia diversidad de ramas sociales. —contestó Eli Salem.

Daniel Godwin guardó silencio. No podía dejar de notar lo que  parecía ser la formación de un gran pentagrama satánico el cual en sus cinco líneas era formado por las calles de la ciudad y en sus puntas la coincidencia de grandes logias o lugares de interés masónicos. Tal parecía que diversos edificios erigidos en Washington tenían que conformarse a un minucioso estudio matemático tanto de ingeniería como de arquitectura que obedecía a algo más que el arte o planos de construcción. Se podían percibir elementos religiosos y supersticiosos en todo aquello. Pero no cualquier religión, sino una basada en la veneración de objetos y emblemas paganos y extraños. Como si las ciudades hubieran sido edificadas conforme a un código secreto y misterioso.

Tal parecía que la arquitectura y la ingeniería de algunas ciudades estaban orientadas a sistemas numéricos donde cada ángulo, edificio, punto cardinal y ubicación tenían un significado místico.

–¿Te sorprende lo que ves en esos planos de ingeniería? –preguntó Eli.

–Sí, realmente sí. –contestó Daniel.

–No hay porque sorprenderse, lo que hay es que entender todos estos misterios y comprender la manera en que nos afectan. –dijo Eli.

–Pero es un pentagrama satánico lo que se puede ver en esos planos. –dijo Daniel con una expresión de espanto en su rostro.

–Debes entender que los símbolos satánicos y paganos están más cerca de nosotros de lo que creemos. –comentó Eli Salem.

–¿A qué te refieres? –preguntó Daniel.

Eli Salem condujo a Daniel a ver algunas páginas de varios libros que descifraban los símbolos y emblemas, entre los cuales se encontraba uno, entre muchos otros que exponían los enigmas del sello masónico en el dólar americano. Se trataba del libro *El Símbolo Perdido* de Dan Brown. Aunque el libro de Brown no era el primero en exponer públicamente algunos de los significados del sello que aparece en el dólar, por lo menos había acaparado la atención pública en el último tiempo.

—El símbolo que aparece en el dólar y que usan los masones es un símbolo que representa el dominio de Horus sobre las finanzas del mundo en el Nuevo Orden Secular que pretenden crear. —dijo Eli mostrando el emblema de un billete americano—. Los peregrinos se establecieron en América, pronto la nación se fue dirigiendo hacia la búsqueda del Nuevo Orden Mundial. —enfatizó.

—¿Qué significa esto? —preguntó Daniel.

—Esto significa que luego de diferentes etapas de gobiernos se ha evolucionado hacia las metas del Nuevo Orden Mundial por la agenda de unos políticos ocultistas. —aclaró Eli.

—¿Tú no crees que es un poco antagónico esa idea a las actitudes de supremacía yanqui? —dijo Daniel.

—Los americanos persiguen unos ideales que van por encima de sus límites territoriales. Es una agenda que compite por el control mundial. —dijo Eli.

—¿Competir? ¿Con quién? —preguntó Daniel.

—Son Iluminados que compiten entre si por el control del mundo. —dijo Eli.

—¿Entonces están siguiendo los intereses que desembocarán en el levantamiento de una potencia sobre todas las naciones de la tierra? —cuestionó Daniel.

—Existen grupos organizados y élites europeas que poseen suficientes recursos económicos y políticos como para financiar un gobierno mundial que sirva a los intereses de unos pocos. –dijo Eli.

–¿El presidente de Estados Unidos se vende a unos poderosos? –preguntó Daniel.

–El presidente de Estados Unidos, así como otros, se rigen por las directrices masónicas. Esto resulta en los cambios y decisiones geopolíticas que sean necesarias para los poderosos que dominan sobre ellos. –aseguró Eli.

–O sea, que tú propones que el juego de la política es un mero antifaz para esconder sus verdaderos motivos, como si la política estuviera vendida a altos y superiores intereses más allá de la opinión pública y peor aun, anulando las decisiones individuales de cada presidente y gobernador para imponer una agenda de otros. –dijo Daniel.

–Te mostraré algo que aparece en el dólar americano. –dijo Eli mostrándole un dólar–. Fíjate al dorso donde dice: *"Annuit, Coeptis, Novus, Ordo, Seclorum"*. Cuando lo encuentres intenta descifrar esas palabras y frases. –dijo señalándole el emblema en latín.

–Amigo, ya me estás intrigando. ¿De qué se trata? –preguntó Daniel.

—Bueno, las palabras *"Annuit, Coeptis"*, significan "que anuncian el nacimiento de"; y las palabras *"Novus Ordo Seclorum"*, significan *"Nuevo Orden Secular"*. —explicó Eli.

—¿Esto significa que el Nuevo Orden Mundial tiene vínculos en América? —indagó Daniel.

—Estados Unidos es la primera república masónica del mundo. —dijo Eli haciendo un dibujo en un pedazo de papel.

El dibujo hecho por Eli parecía un ojo del cual brotaba una lágrima.

—¿Qué relación tiene ese ojo con los masones y con este nuevo orden mundial? ¿Acaso la masonería no es cristiana? —preguntó Daniel.

—Ese ojo que te dibujé es el mismo que está en las logias y que está en el dólar americano. También es el símbolo que usan algunos colegios de ingenieros y arquitectos. Además de identificar al dios egipcio Horus también tiene otro significado. La masonería es en realidad una religión que no mezcla con el evangelio de Jesucristo. El dios que ellos veneran no es la deidad cristiana sino *E.G.A.D.U.* (El Gran Arquitecto del Universo) pero lo identifican con Bafomet y no con la trinidad cristiana. —explicó Eli.

—¿Y esa lágrima que brota? —preguntó Daniel.

—Significa el lamento humano de no poder liberarse ni hacer nada contra el nuevo orden mundial o contra el gobierno luciférico según las ideas de supremacía de los altos grupos masónicos. –dijo Eli.

–O sea, que tú propones que dentro de la misma masonería se dirige de forma encubierta hacia unos fines sin que muchos conozcan hacia donde los dirigen sus superiores. Para algunos, los emblemas significan cosas ocultas y para otros es mera lógica matemática y racional. ¿Eso es lo que tú propones? –razonaba Daniel.

–Creo que al fin estás entendiendo. ¿Qué palabra formas tú con las letras: "A" de "Annuit", la "S" de "Coeptis"; la "N" de "Novus", la última "O" de Ordo; y la "M" de "Seclorum"? –preguntó Eli señalándole cada letra en el billete.

–Esto parece que será fácil. La "A", "S", "N", "O", "M". –contestó Daniel.

–Traza una línea recta desde esas letras, la "A" de Annuit, hasta la "S" de "Coeptis" y, que siga hasta la última "O", de "Ordo" finalizando en la "A", de "Annuit". Luego, has lo mismo comenzando en la "N", de "Novas" hasta la "M", de "Seclorum" y que pase al ojo y de allí de nuevo a la "N" de "Novus". –le recalcó Eli.

–De esas letras se forma la palabra "Asmón", el ancestro de los macabeos o quizás la antigua región cerca de Egipto. –contestó Daniel.

—¿Todavía no descifras el enigma? —preguntó Eli.

Daniel se quedó pensativo cuando de pronto comprendió. Sus ojos se llenaron de sorpresa.

—¡Ya sé! —exclamó Daniel—. "Masón" es la palabra que encontramos en el dólar americano cuando trazas las líneas.

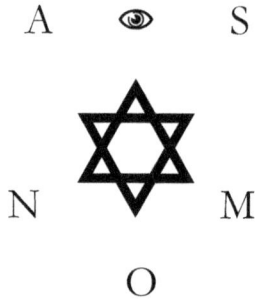

—Por fin la encuentras amigo. ¿Qué símbolo se forma cuando trazas las líneas rectas en los ángulos de letras que te especifiqué? —preguntó Eli.

—Es un hexagrama. —contestó Daniel.

—Si miras la estrella unida al otro triángulo que se deriva de la palabra "masón", notarás que en ese logo hay símbolos escondidos formando un mensaje subliminal que no se ve a simple vista. —dijo Eli.

—¡Wao! Jamás me había fijado en esto. ¿Es esa la estrella de David? ¿Por qué un hexágrama? ¿Qué significa ese símbolo? —preguntó Daniel lleno de intriga.

—La estrella de David no está dentro de un círculo. –aclaró Eli.

—Entiendo, esto brinda pistas que son los masones los que están detrás de la gran conspiración. –se apresuró a comentar Daniel.

—Créeme, no estoy bromeando. –dijo Eli.

—¿No se supone que los masones eran gremios de trabajadores y constructores? –preguntó Daniel.

—Los buenos «*constructores libres*» del siglo XIII ya no son lo que en sus comienzos eran. Las filosofías ocultistas han transformado esas logias en verdaderos lugares de adoración a ídolos, aunque todavía poseen las ciencias de sus orígenes donde promueven las artes de construcciones y sus símbolos, sin embargo, esos símbolos hoy tienen otro sentido. –explicó Eli.

—De qué manera esa simbología representa otra cosa hoy? –preguntó Daniel.

—Esas cinco letras en la palabra "*masón*" significan: "*ancient, order, nobles, mystic, shrine*" y se remonta a grupos místicos y secretos que están detrás del dominio y metas de control mundial. Es toda una jerarquía encabezada por jesuitas católicos que secretamente planean el control del mundo y hacer los cambios sociales necesarios para imponer un gobierno central mundial y dentro de ese plan se encuentra el mover el papado a Jerusalén utilizando una emboscada sionista. –dijo Eli.

—Entonces todo es una lucha por el poder mundial. –dijo Daniel–. Todavía no sé de que manera los gremios masones pasaron a ser los grupos con fines religiosos y políticos que son hoy.

—Desde sus comienzos los masones siempre se presentaron como gente trabajadora y de respeto que velaban por el bienestar social. En sus comienzos eran gremios alemanes de trabajadores de grandes constructores de catedrales. De allí es donde surge la imagen social de amantes del trabajo. Si hoy día fueran solo eso, no habría problema. Lo que sucede es que dichos grupos de gremios fueron contratados por los ocultistas Templarios en siglos pasados para le edificación de sus templos. Fueron los templarios los que se encargaron de fusionar sus creencias con los masones que les construyeron las catedrales. Es por esto, que hoy día dentro de esas logias masónicas además de hablarse de cosas relacionadas al trabajo, se habla también de cuestiones políticas, y de planes mundiales incorporando una serie de ritos y de símbolos que se moldean a una religión que muchas veces es desconocida aún por muchos de sus miembros de grados inferiores. Religión que han difundido por países como: Alemania, Inglaterra, Irlanda, Francia, Argentina, Puerto Rico, Escocia, Prusia, Holanda, Suecia, Italia, España, Venezuela, Perú, Uruguay, entre otros países, incluyendo la república de Estados Unidos y donde estuvieron envueltos directamente con sus procesos de independencia. –argumentó Eli.

–Muchos de los masones que conozco de la historia eran nacionalistas o independentistas.–dijo Daniel.

–En efecto, esas fueron las primeras acciones de la masonería, su rol de emancipación en muchos países. Eso no quiere decir que estén aferrados a una ideología política específica o algún partido, sino que los usan como herramientas a todos por igual. Pero hoy se trata de la unión de religión y política y no es precisamente la religión cristiana. No es para confundirte amigo, sólo para que estés apercibido que hay algo más que la apariencia política de sus líderes. Estos grupos utilizan la técnica del sigilo, una astuta manera de actuar tras bastidores sin que salga a la prensa sus actividades y ritos secretos. Así mismo muchos desconocen el verdadero significado de toda esa simbología que utilizan. Mucha gente sólo los ve como una fraternidad que busca: libertad, igualdad, y fraternidad. –explicó Eli.

–¿Entonces los masones son los amos del mundo? –preguntó Daniel.

–Mira, las logias son solo un eslabón en la cadena de la jerarquía oscura que pretende regir sobre la tierra. –contestó Eli.

—Pero, ¿quién piensas tú es el que gobierna sobre esa jerarquía? —preguntó Daniel profundamente intrigado.

—Entiendo que estos grupos siguen los mismos ídolos de las religiones paganas egipcias. Algunos altos masones han afirmado abiertamente que su ídolo es Bafomet. Luego, partiendo de esa filosofía, el jesuita Adam Weishaupt inició en el siglo XVIII, la sociedad que influenciaría sobre los demás jesuitas.

—¿Los jesuitas? ¿No son católicos? —preguntó Daniel.

—En apariencia, pero en realidad son una milicia camaleónica que utiliza el catolicismo para cumplir sus metas de gobierno mundial. Es un falso evangelio de sangre y dominio por la fuerza y astucias políticas. —contestó Eli.

—Oye, y ¿por que un hexagrama? —preguntó Daniel con curiosidad.

—El hexagrama es un símbolo usado en la magia y por los ocultistas para los cuales significa la "mente divina". Una imitación de la sabiduría de Dios. —dijo Eli enseñándole la diferencia de los símbolos de la estrella de David y el hexágono ocultista—. Por otra parte, los conspiradores del Nuevo Orden pretenden hacerles creer a los judíos que favorecen el sionismo y el estado de Israel. La realidad es que conducen a los judíos a una emboscada. Luego de que ganen los favores de Israel pretenderán imponerle al dictador como gobernante en Jerusalén.

–¿Qué del emblema de la escuadra cruzada por un compás? Dicho símbolo lo usan hasta en algunas iglesias protestantes en Colombia, así como ingenieros y colegios. –dijo Daniel.

–Lo que significa eso para ellos es un equilibrio entre lo espiritual y lo material. En un principio parecía que se refería a los gremios de trabajadores pero luego cobró otro significado. Si te fijas bien, ambos símbolos forman el mismo hexagrama cuando completas las esquinas y los ángulos. Es una mezcla de ideas donde representan ídolos femenino y masculino y las entrelazan con apariencia de sionismo y de la *Nueva Judá*. –dijo Eli haciéndole un dibujo.

–¡Lo veo! –dijo Daniel.

–Te recalco que esos símbolos son el disfraz que ellos usan para afirmar que van en búsqueda de favorecer a los judíos y sus metas supranacionales, pues la bandera de Israel tiene un hexagrama azul. –dijo Eli.

–Entonces, de lo que me estás hablando es de una *conspiración judeo-masónica* donde conducen al pueblo judío a una emboscada de parte de falsos judíos para cumplir las metas masónicas que a su vez se rigen por intereses jesuitas de oscuras ideologías que apuntan a ser luciferinas con el fin de elevar al trono a un dictador. –recapitulaba Daniel.

Daniel dirigió su mirada al emblema del dólar nuevamente.

–¿Y esa fecha que aparece allí? –preguntó Daniel.

–El 1776 es el año de la Independencia Americana y es el año de la fundación del plan de la nueva orden moderna masónica cuyo líder se identificó con seguir el pensamiento luciferino. –contestó Eli.

–De modo que los gobiernos veneran símbolos egipcios como este. –comentó Daniel. Mostrando la pirámide con el ojo en la parte superior.

–No solo eso, sino que siguen los mismos principios faraónicos de muchas de las creencias egipcias. –dijo Eli.

–¿Quién fue Horus? –preguntó Daniel.

–Horus era el hijo de Osiris e Iris. El propio faraón se identificaba con ese ídolo vengador. Se le conocía como el dios halcón y se le consideraba el Señor del cielo. Lo representaban con la forma de un ave y también como un niño pequeño amamantando en el regazo de su madre Isis. –dijo Eli.

—¿Un niño pequeño amamantando en el regazo de su madre? Eso me recuerda la imagen de María con el pequeño Jesús en sus brazos. —dijo Daniel.

—De eso es que se trata. —dijo Eli.

—¿A qué te refieres? ¿Qué tiene que ver el cristianismo con las religiones antiguas egipcias? —preguntó Daniel.

—En realidad los primeros patriarcas hebreos salieron de Egipto. Fueron llamados por el dios hebreo a salir de tierras de idolatría para ir a servir a Yavé quien haría un pacto alianza con ellos. Se le habló de un pacto de la ley, y luego de un nuevo pacto conforme a la llegada de su Mesías el Cristo. El Cristo, es el Dios de los cristianos quien nació en un pesebre en Belén de Judea. Según se pinta en muchos cuadros, representan a María con Jesús entre sus brazos. Sin embargo, esta representación de una mujer con un pequeño niño en los brazos no necesariamente evoca a María la madre de Cristo, pero sí a Isis, Horus y Semiramis. —explicó Eli Salem.

—Pero, ¿entonces esas imágenes no se supone que evocan a los santos cristianos? —preguntó Daniel.

—Escucha, el segundo mandamiento de la ley de Moisés prohíbe el uso de imágenes sea cual sea. De la misma manera el Salmo ciento quince lo prohíbe de igual forma. El cristianismo no permitiría el que se le erigiera una imagen a un niño en brazos de una mujer y mucho menos cuando es el mismo símbolo de Isis y Horus. Lo que ha sucedido con esto es la fusión de las deidades. Es decir, cultos antiguos se han justificado con los santos cristianos preservando así las viejas devociones pero con otros nombres. Es por eso que los jesuitas usan el emblema que contiene las leras: I.H.S. —explicó Eli Salem.

—¿Qué me quieres decir? ¿Entonces las iniciales las iniciales I.H.S. usadas como el emblema de los jesuitas del Vaticano significan otra cosa? ¿No se supone que sea un monograma de Jesucristo?

—Exactamente. El Vaticano le dice a sus fieles que esas letras significan *Iesus Hominum Salvator*. Si realmente esas letras fueran el nombre de Jesús, se representarían con las siguientes letras: IHSOYS o IHCOYC, que, con la tilde de la abreviatura, era IHC, pero eso no es lo que presentan ahora. Ahora lo que presentan es: I.H.S que significan: Isis, Horus, Semiramis. —explicó Eli Salem.

—Pues entonces, si estuvieras en lo correcto, parece que hay un enlace religioso de grupos que hoy afirman ser cristianos pero que en realidad están conectados con las antiguas religiones paganas de Egipto. —dedujo Daniel.

—Eso es correcto, amigo. —respondió Eli.

Daniel permaneció por un momento pensativo.

—Te comento, ese símbolo del ojo de Horus me parece haberlo visto antes, en otro lugar, además del dólar americano. —dijo Daniel—. Creo que lo vi en algún *anime* de la televisión. Si no me equivoco en la serie de *Yu-gi-oh* y también en la de *Satsuki y los dragones de la tierra*. Mis pequeños sobrinos siempre ven esos programas.

—Mira, los seguidores de esta clase de filosofías no solo se encuentran en los gobiernos y en la religión. Ellos se han encargado de extender su influencia en todas las ramas de la sociedad. La educación, el entretenimiento, la economía, las leyes y todo aquello en lo que el hombre se interesa. —dijo Eli.

—Eso significa que se mueven semejantes a una dictadura invisible. Es decir, la gente puede sentir su influencia, pero no pueden ver a los responsables. —dijo Daniel.

—Como ya te dije, muchos gobiernos poseen ese símbolo ya que están ligados a las antiguas filosofías paganas. —dijo Eli.

—Pero ¿de qué manera se han conectado los diferentes gobiernos con esas creencias egipcias? —preguntó Daniel.

—Por medio del cuerpo filosófico de la masonería. La masonería ha sabido imponerse en los gobiernos de la tierra. Ellos veneran esa clase de símbolos y procuran obtener su "sabiduría" de esas corrientes paganas diversas. —explicó Eli Salem.

—Valla, es increíble saber que los gobiernos siguen las mismas doctrinas de los faraones. —comentó Daniel.

—Eso puede ser muy peligroso. —dijo Eli.

—¿A qué re refieres? —preguntó Daniel.

—Si los gobernantes y poderosos creen la ideología que son dioses, entonces procuraran exaltarse sobre todos y hacer de los demás esclavos. —dijo Eli.

—Ojala te equivoques. Espero que eso nunca suceda en ninguna sociedad. —dijo Daniel.

—Lamentablemente el hombre de hoy es un ser egoísta que siempre tratará de aplastar a su prójimo y someter a los demás bajo su poder. —dijo Eli.

—¿Qué podemos hacer para defendernos de los sistemas opresores? —preguntó Daniel.

—Auto educarnos y también educar a otros. Hacer investigaciones que nos arrojen luz en el acontecer social y ayudar a otros a ver la luz. Tengo programada una entrevista muy importante con un anciano que puede ayudarnos a entender todo lo que sucede en la sociedad moderna. —dijo Eli.

–¿Un anciano? ¿De quién se trata? –inquirió Daniel.

–Hace varias semanas atrás recibí una misteriosa llamada. Se trataba de un anciano de noventa y tres años de edad. Él se identificó como ex miembro de la SS alemana. Se puso en contacto conmigo porque ha visto los reportajes que hago y sabe que me dedico a llevarle la verdad al pueblo. Él me dijo que tenía unas declaraciones muy importantes que hacer antes de morir. El hombre ya esta muy anciano y ha decidido revelar sus secretos. Según él dijo, su vida y sus pensamientos han cambiado, ya que en los últimos años de su vida abrazó la fe de Jesucristo. Ahora, como prueba de querer hacer el bien trata de apercibir a la gente con un mensaje que según él nos compete a todos. –dijo Eli.

–Ahora sí que me intriga todo esto. –respondió Eli.

–Necesitaré de tu ayuda para entrevistar a Alexander Deike, el anciano que te mencioné. Necesitamos ser muy discretos ya que no quiero que su vida corra peligro por alguna acción nuestra. –dijo Eli.

–Pues cuenta conmigo. Te ayudaré con todas tus investigaciones.

Luego de ponerse de acuerdo cada uno se dirigió a sus respectivos hogares.

*"La vida no es sino una continua sucesión de oportunidades para sobrevivir"*

–Gabriel García Márquez

# 7

# Un nudo en la garganta

Alexander Deike, el anciano y ex soldado de la SS, se encontraba dormido en el sofá de su apartamento. De pronto se vio a si mismo caminando a toda prisa en un lugar muy diferente. Se encontraba viajando hacia su pasado. Se vio uniformado, armado y marchando junto al cuerpo de soldados que bajo el mando alemán se dirigían hacia Bielorrusia para invadirla por la fuerza. Una vez llegaron al lugar, los civiles corrían de un lado a otro aterrorizados. Era como tener en el pueblo a la muerte personificada en cada uno de los guardias armados quienes conducían a los enemigos a la plaza convertida en paredón.

–Ustedes, ¡todos en fila! –ordenó uno de los compañeros armados de Alexander Deike.

Los hombres de aquel pueblo estaban espantados. Eran alineados en la plaza.

–¡Fuego! –gritó un soldado alemán.

De repente se escuchó el terrible estruendo de las ametralladoras alemanas. Los cuerpos de aquellos hombres judíos cayeron inmediatamente.

Un niño de solo cinco años miraba aterrorizado y petrificado aquella escena escondido detrás de una ventana en un edificio abandonado. Aquella sucia ventana le servía de camuflaje. Aquel sonido de las armas lo impresionó tanto que sintió como si se le partiera el alma y algo se hubiera desprendido de él. Tan pronto los soldados se movieron de lugar hacia adelante, el niño se dirigió sigilosamente hacia su hogar. Llevaba su corazón alterado y temblaba del miedo. Tocó la puerta de su casa, y su madre al notarlo le abrió a toda prisa.

—¡Hijo mío! —dijo ella abrazándole desconsoladamente.

Ya ella estaba enterada de lo que acontecía en el pueblo. El estruendo de las armas y sus vecinos la habían apercibido que el ejército alemán había invadido de repente su pueblo y estaban asesinando públicamente a todos los judíos.

—¡Hijito mío! —dijo la madre de aquel niño envuelta en llanto—. Estos terribles asesinos tienen rodeado el pueblo. Nos van a asesinar a todos por igual. —dijo ella muy apesadumbrada.

—Mamá, no quiero morir. —dijo el niño llorando.

—Hijo, tu padre fue asesinado en la plaza. —dijo la madre.

El dolor y el miedo de aquel niño iban en aumento. Quedó en silencio pero sin poder evitar las lágrimas de dolor.

Era ya la media noche cuando el niño se dispuso a huir de aquel lugar. Besó a su madre y se despidió de ella. La huida de aquel niño era como si le quitaran el aliento de su vida.

—Escóndete mi hijo, huye por tu vida. —decía la madre llorando.

Pasado solo unos minutos, luego de la partida del niño, fue el momento cuando el ejército alemán entró por la fuerza en aquella casa y le dio muerte a la dama que trató de ocultarse en vano.

Aun en su huida el pequeño niño pudo ver a lo lejos como los soldados entraron por la fuerza a lo que fue su casa. En medio de su agonía mordía fuertemente su mano para evitar que alguien le escuchara gemir. Así envuelto en aquella tribulación, el pequeñuelo iba rápido y sigilosamente ocultándose y logró evadir las tropas de los alemanes. Se dirigió al bosque y procuraba que alguien lo ayudara. El dolor y la miseria parecían ser sus acompañantes de camino. Así en su huida estuvo varios meses escondiéndose y mendigando pan.

—Me regala un bocado de pan. —le rogó el niño a una anciana en una casa.

—Toma y vete. —le ordenó ella.

La anciana pudo percibir el latir agitado del corazón de aquel niño, sin embargo, brindarle abrigo en su casa significaba atraer las tropas enemigas hacia ella.

Pasado un tiempo, el niño ya no pudo ocultarse más a causa del hambre. Uno de los altos jerarcas nazis lo descubrió mientras trataba de ocultarse en edificio viejo. El niño fue traído violentamente delante de los soldados alemanes. Alexander Deike se encontraba entre ellos. El jerarca nazi golpeó de una patada al endeble niño que fue lanzado al suelo. El rudo hombre se dirigió hacia Alexander Deike. Su mirada fría le ordenaba ejecutarlo.

—¡Alexander, Dispárale! —le ordenó el guardia de rango superior.

Alexander Deike guardó silencio, como petrificado.

—¡Acaso no escuchaste! —gritó el soldado—. Te ordeno que lo mates. —gritó nuevamente.

De repente se escuchó el estruendo y sonido que rompió todo el silencio.

Alexander Deike despertó sobresaltado en su sofá. Estaba empapado en sudor y el nerviosismo de aquella pesadilla parecía confundirse con la realidad. Deike respiraba profundamente tratando de relajarse. Aquellas imágenes parecían aguijones que cuando menos él lo esperaba aparecían constantemente para atormentarlo en su presente.

Sonó el teléfono. Alexander Deike miró el número que permanecía grabado en su máquina telefónica.

—Sr. Deike, ¿es usted? —dijo el periodista Eli Salem.

—Sí, diga. —respondió Deike.

—Es para recordarle la entrevista que habíamos acordado y para decirle que ya todo está listo. —dijo Eli.

—Entonces, los esperaré. ¡Gracias! —se despidió.

# Entrevista a Alexander Deike

*"El mundo no está amenazado por las malas personas sino por aquellos que permiten la maldad".*

–Albert Einstein

# 8

# Entrevista a Alexander Deike
# Parte I
# Secretos revelados

Eli Salem  y Daniel Godwin  hicieron todo lo que estuvo a su alcance para preservar en secreto el lugar de la entrevista que le harían a Alexander Deike, el anciano ex soldado de la SS. Aquel anciano se había puesto en contacto con Eli Salem con el propósito de brindarle una entrevista por la cual él consideraba un mensaje que tenía que darle a toda la humanidad y había elegido a la *Internacional Network and Global News* el medio a usar.

Ambos periodistas llegaron puntualmente a la hora acordada y se dirigieron al apartamento que el anciano les había identificado de antemano. Alexander Deike mostraba en su rostro la dureza y austeridad de los años que lo habían golpeado por nueve décadas. Su rostro parecía inexpresivo e indiferente ante los estímulos de la vida.

Todo estaba listo para el comienzo de la entrevista la cual sería grabada para ser presentada posteriormente. Daniel Godwin prendió y enfocó su videocámara poniéndola en automático.

—Muy buenas tardes damas y caballeros. Este es Eli Salem reportando junto a Daniel Godwin para la *Internacional Network and Global News*. De inmediato vamos a las informaciones. —dijo Eli Salem abriendo el programa.

—Hoy tenemos con nosotros a Alexander Deike, un ex miembro de la SS *(Schutz-Staffel),* quien nos brindará una secuela de entrevistas. A todos nos tiene intrigado las razones y los motivos del acercamiento que él personalmente nos ha hecho para concedernos esta entrevista. —dijo Eli Salem dirigiéndose a la cámara.

—¡Muy buenas tardes! —saludó Daniel dirigiéndose al anciano.

—¡Muy buenas tardes a ustedes y al público que pueda ser testigo de esta entrevista! —respondió el anciano.

—¿Qué lo motiva a querer brindarnos voluntariamente esta entrevista? —preguntó Eli Salem.

—Veras, soy un anciano que en los últimos años he abrazado la fe de Jesús y mi vida ha cambiado para bien. Creo que debido a ese cambio que ha ocurrido en mi interior es mi deber apercibir al mundo de los grandes cambios que se avecinan. –dijo Alexander Deike.

–¿Cambios? ¿A qué se refiere? –preguntó Eli Salem.

–La posibilidad real de que una nueva y renovada potencia nazi ataque nuevamente al mundo. –contestó Alexander Deike.

Los ojos de Eli Salem y de Daniel Godwin se llenaron de sorpresa.

–Sr. Deike, como periodistas e investigadores hemos tocado temas delicados referentes a las sociedades secretas. ¿Está usted consciente de que sus aseveraciones son controversiales y alarmantes? –dijo Eli Salem.

–Conociendo esto es que me he tomado la iniciativa de contactarles. –dijo Deike.

–Sabemos que usted fue un militante de partido nazi y que incluso fue elegido desde muy joven por Heinrich Himmler para que fuera parte del *Proyecto Lebensborn.* Por favor, explique para el beneficio de los televidentes lo que fue dicho proyecto y de qué se trató. –dijo Eli Salem.

–El *Proyecto Lebensborn* fue una organización alemana que fue fundada en 1935. Heinrich Himmler tenía como meta reclutar, elegir y facilitar la procreación de lo que consideraban era la raza aria. Las bases racistas del nazismo proponían la superioridad de la raza aria sobre todas las demás razas de la tierra. El *Holocausto* se llevó a cabo gracias a que le hicieron creer a los alemanes que ellos eran superiores a los judíos y a otras razas. Estos ideales racistas y egoístas se mostraron con la procreación selectiva y con el rechazo a aquellos que eran considerados inferiores. –contestó Alexander Deike.

–¿Cuáles eran esas características buscadas por los líderes nazis? –preguntó Daniel Godwin.

–Ellos buscan jóvenes que fueran altos, blancos, ojos azules, rubios, de frente angosta, extremidades largas y de facciones angulosas. –contestó Deike

–Usted dijo: "buscan" y no "buscaban". ¿Por qué habla en tiempo presente y no en pasado? –interrumpió Eli Salem.

–Todavía hoy se persiguen los objetivos nazis a nivel mundial. El racismo sigue vigente. Hace casi ochenta años que 200,000 niños fueron secuestrados de Europa durante la tercera dictadura. Para ese mismo tiempo a sobre tres millones de integrantes de la SS se nos dio autorización de tomar por mujeres a aquellas que cumplían con el fenotipo ario para procrear cuantos hijos pudiéramos. De esos retornos, los nazis esperaban que reináramos sobre la tierra como dioses. –contestó Deike.

—¿Entonces se puede decir que ese racismo pro ario es de origen alemán? —preguntó Daniel.

—No, el racismo se nutre del egoísmo humano. Tiene raíces ancestrales. No se trata del caso aislado de Hitler y sus ideas. Es una mentalidad que domina a aquellos que por codicia y avaricia desean acapararlo todo. Las élites poderosas de la tierra que controlan la sociedad miran al mundo con recelo y procurarán limitar a aquellas amenazas potenciales. Es por esto que antes que Hitler llegara al poder, ya en los Estados Unidos se celebraba el Congreso Mundial de Eugenesia o higiene racial. Dicho congreso tuvo lugar en Museo Americano de Historia Natural en 1932. Ya de antemano se venía dialogando en la mente americana de los Harriman, Bush, Walker y Rockefeller, un movimiento científico racial que vinculaba a los mismos multimillonarios y a los religiosos fascistas adinerados. Si usted piensa que la filosofía nazi de eliminar a aquellos incapacitados o defectuosos físicamente, fue una idea propia, piénselo dos veces, ya que esa es la mentalidad de los adinerados que desean acabar con aquellos que consideran inferiores. De allí proviene la denominada sociedad de control de la natalidad y la búsqueda de la esterilización de aquellos con impedimentos. El propio jefe de los nazis a cargo del programa Lebensborn, Heinrich Himmler era patrocinado por la compañía Estándar Oil la cual manejaba Kart Von Schroeder. Estos lazos racistas los vinculan directamente con los campos de concentración nazis. Ese mismo racismo sigue vigente hoy. –dijo Deike.

–¿Está usted afirmando que existen vínculos en lo que fue la ideología nazi y aquellos empresarios y poderosos que usted ya ha mencionado? –inquirió Eli Salem.

–Exactamente, el racismo no se trata de una ideología aislada de los alemanes nazis sino que trasciende a grupos superiores de alto poder social. El tercer *reich* fue solo un reflejo de esos ideales. –dijo Deike.

–Pero eso de la tercera dictadura ya es cosa del pasado. –interrumpió Daniel Godwin.

–Los nazis son muy astutos. Ya nos habíamos preparado para la guerra y para la post guerra. Antes de dejarnos morir en manos de los enemigos, muchos de los jerarcas nazis utilizaron rutas de escapes hacia América del Sur y diferentes lugares. –aseveró Deike.

–¡Por Dios! Usted está afirmando que los jerarcas nazis no murieron. ¿Piensa usted que ellos escaparon o viven aun? –preguntó Daniel lleno de incredulidad.

–¿Nunca escucharon hablar sobre la red ODESSA? Era una red tejida para proteger a los antiguos miembros de la SS. El Vaticano fue la principal organización dedicada a proteger a los criminales de guerra nazi. –respondió Deike.

–No es que dude de sus aseveraciones, pero ¿existe algún documento real que pueda arrojar luz sobre sus afirmaciones? –preguntó Eli Salem.

–Claro que lo hay. En 1947 había un hombre llamado Vincent La Vista, el cual era el agregado militar de los Estados Unidos en Roma y quien se dedicaba a seguir de cerca nuestra fuga hacia la Argentina. Él dijo bien claro en un memorando que escribió para el secretario de estado George Marshall donde identificaba claramente al poder religioso detrás de nuestra protección. Su meta era trasladarnos de Europa con pasaportes y nombres falsos. Fueron muchos los nazis que lograron salir de Alemania vía Dinamarca, España e Italia. La Agencia de viajes Vía North prestó sus servicios. Los fugitivos recibieron la ayuda y el respaldo de la Comisión Peralta de Santiago Peralta, Juan Duarte quien era el hermano de Eva Perón, la Cruz Roja Internacional y la Comisión Pontificia de Asistencia. –aseguró Deike.

–¿Qué era la Comisión Pontificia de Asistencia? –preguntó Eli Salem.

–La Comisión Pontificia de Asistencia fue una red de fuga y también un plan militar conducido por el obispo negro Alois Hudal quien era jefe de la sección austriaca y rector del colegio alemán Santa

María del Alma en Piazza Navona, en Roma. Cuando digo "obispo negro" me refiero no a su color de piel sino porque así se les llama en el Vaticano a aquellos clérigos que simpatizan y luchan por imponer el fascismo, o sea imponer el poder por la fuerza. La sede de la red de fuga o Comisión Pontificia de Asistencia estaba en la capital italiana. –dijo Deike.

–¿Entonces, afirma usted que los nazis tenían fuertes vínculos con la iglesia católica? –preguntó Daniel Godwin.

–Los vínculos del Vaticano con el partido nazi son tan reales como su propia existencia. En 1936 el obispo Alois Hudal escribió el libro titulado: "*Las Bases del Nacionalsocialismo*" (Die Grundlagen des Nationalsozialismus). Dicho libro fue editado en Leipzig y en Viena y se podría afirmar que era parte del cerebro nazi. –dijo Deike.

–Esas son aseveraciones muy fuertes. –dijo Daniel sin poder evitar una expresión de incredulidad en su rostro.

–El que los datos sean fuertes y alarmen la sensibilidad de algunos no significa que no sea verdad. El Vaticano estuvo ligado no solo a las bases de origen del nazismo sino de su protección luego de las atrocidades sociales que hicieron. El papa Pío XII a sugerencias del obispo negro le pidió a Eva Perón la protección para los criminales de guerra nazi. Eso sucedió cuando la propia Eva Perón viajó al Vaticano. Ella obedecía a la iglesia. De la misma manera Hitler era considerado un hijo de la iglesia católica. Los vínculos de los nazis con la iglesia católica no han sido ningún secreto, sin embargo, la verdad suele a tergiversarse para defender al Vaticano. –dijo Deike.

–¿Existe alguna persona que pueda usted identificar que corrobore esa información en la cual usted vincula al Vaticano como el principal ayudador en la fuga y protección de los asesinos nazis? –preguntó Eli Salem.

–Claro que sí. En el año 1994 Erich Priebke quien fuera el capitán de las Schutz-Staffel (SS) hitlerianas admitió ante las cámaras de la televisión su participación en asesinatos en masa, y su fuga de Europa en 1947 con la ayuda de la Iglesia Católica. La fuga de los nazis comenzó en el palacio del obispo católico. –contestó Alexander Deike.

–¿Qué había en Argentina que los nazis decidieron movilizarse hacia allá? –preguntó Daniel.

–Los nazis se movilizaron a lugares donde se les prometía la seguridad. Los científicos alemanes antes de finalizar la Segunda Guerra mundial desarrollaban armas secretas sin precedentes. Armas que hoy serían consideradas de ciencia ficción y de características alienígenas. Fueron los alemanes los primeros en buscar la bomba atómica mucho antes que los Estados Unidos. Argentina tenía una afinidad por el fascismo hitleriano y poseía grandes vínculos con el Vaticano y con Hitler. De esta manera, Argentina pregonaba públicamente que era neutral en torno a la Segunda Guerra mundial, pero esa neutralidad era hipócrita ya que la amistad entre Alemania y Argentina era tan fuerte que en 1938 los argentinos celebraron la anexión de Austria al III Reich alemán. Esta celebración fue una ceremonia nazi donde participaron veinte mil argentinos. Se trató del acto nacional socialista más importante jamás celebrado en nación alguna fuera de Alemania. En aquel estadio Luna Park de Buenos Aires, se izó la bandera alemana del III *reich.* –informó Deike.

–Con toda sinceridad, ¿piensa usted que los nazis no cayeron en 1945? –preguntó Daniel.

–¿Considera usted que el mudarse de lugar con todas sus riquezas es caer o perder la guerra? El general Juan Domingo Perón continuó el desarrollo de la investigación atómica nazi pero en Argentina. Para trasladar a varios de los jerarcas y científicos nazis desde Europa hasta Argentina, utilizaron a personas como Gallardo Valdez quien fuera el agregado aeronáutico de la embajada Argentina en Estocolmo, a quien ordenaron viajar a Oslo donde el cónsul argentino le encomendó trasladar a tres de ellos con pasaportes falsos. Uno de los que llegó a

Argentina bajo el nombre de Pedro Jorge Matías, no era otro sino Kurt Tank, quien era ingeniero nazi y también Berner Heisenberg un físico. Así muchos otros nazis se trasladaron por vías similares. Establecieron cuentas bancarias secretas y establecieron sociedades anónimas en diversos países. Algunos de los que se movieron a Argentina fueron: Joseph Mengele (conocido como "el ángel de la muerte"), Adolf Eichmann, Josef Schwamm Verger, Ante Pavelic, Valter Guzmán, Dr. Ronald Richter, Klaus Barbie, Ján Durkanski y muchos otros. Al doctor Ronald Richter se le encomendó continuar la investigación atómica para lo cual escogieron la isla Huemul donde realizaron diversos experimentos. Sus planes eran utilizar los elementos básicos de la naturaleza para crear fuentes de energía artificiales que les sirvieron para crear sus armas y bombas. Está claro que la huida o escape de los alemanes hacia Argentina era la búsqueda del IV Reich. Ellos usaron el trampolín de Argentina. Ellos se han introducido en los cuerpos de inteligencia y han sido protegidos por grupos masónicos. Los grupos masónicos han estado vinculados a los gobiernos y a la creación de los partidos políticos. Los planes nazis se han diseminado por diferentes naciones las cuales en lo secreto siguen el desarrollo de las mismas investigaciones militares. Los planes del proyecto

Huemul quizás se detuvieron, pero ahora la ITER (Internacional Termonuclear Experimental Reactor) sigue desarrollando nuevos experimentos. Si ustedes pueden pensar que los alemanes perdieron la guerra y fueron aplastados, piénsenlo otra vez, ya que en su plan movieron sus industrias a lugares como: Suiza, Francia, España, Brazil, Argentina, Chile, Italia, Turquía, Austria, Estados Unidos y otras naciones. Funcionarios del gobierno de Perón en Argentina, eran hijos de jerarcas nazis, como lo es el caso de Rodolfo Froide. Con el pretexto del desarrollo industrial argentino, Perón trajo a muchos líderes nazis, tantos como unos ciento ochenta, esto sin contar a los cincuenta mil alemanes que ingresaron al país. Crearon compañías fantasmas que ocultaban el capital nazi que trasladaron antes del final de la guerra. Todo esto, de antemano planeado por Hitler y su maquinaria política que incluía a las altas esferas religiosas. –dijo Deike.

–Perdone que le interrumpa. Usted habla como si albergara la idea que Hitler nunca murió. Se nos ha dicho que el 30 de abril de 1945, Hitler se suicidó en su búnker subterráneo. Además los rusos aseguraron poseer el cráneo de Hitler y dicho cráneo poseía un orificio de una bala. Hitler se suicidó, ¿Cierto? –preguntó Daniel Godwin.

—Le contestaré con otra pregunta. ¿Piensa usted que los nazis habiendo planeado de antemano el escape post guerra de sus jerarcas fuera por submarinos o barcos y conduciéndolos hacia Argentina y diversas tierras de América del Sur, dejarían para último en protección al que consideraban su Mesías? ¿Piensa usted que la Comisión Pontificia de Asistencia procuraría en sus prioridades proteger a los de rango inferiores al *führer*? —preguntó Deike.

—Si estuviera correcto en sus aseveraciones, ¿a quien pertenece entonces el cráneo que poseían los rusos y que aseguraban era de Hitler? —preguntó Daniel.

—Ese cráneo pertenece a una mujer y no al *führer*. Investigue sobre este tema y descubrirá como manipulan los hechos de la historia. —dijo Deike.

—Usted vincula al Vaticano con sus alegaciones del escape de los nazis desde Europa hacia Argentina y otras partes, pero ¿fue solo obra de la iglesia? —preguntó Eli Salem.

—No, claro que no. Se hizo una reunión en Estrasburgo a la cual asistieron grandes jefes de la Alemania nazi, dueños de fábricas poderosas, banqueros, financistas, empresarios de seguros, industriales. Todos en conjunto determinaron la manera como se protegería a los nazis así también sus bienes y fortunas. Esto sucedió en un antiguo edificio frente a la Place Kleber llamada la Maison Rouge. Entre los que allí estaban se encontraban: Martin Bormann, Albert Speer, y Wilheim Canaris. Al menos cinco mil jefes nazis lograron escapar de esta manera organizada. Cuando los jerarcas nazis huían por la ruta de los monasterios, todos compartían una misma contraseña secreta, esta era: *14/88*. El número catorce era la representación de las catorce palabras que reflejaban el ideal y meta nazi racista, es decir: *"Debemos asegurar la existencia de nuestra raza y un futuro para los niños blancos".* Mientras que los números "8" equivalían a la octava letra del alfabeto anglosajón, es decir, la "H", esto sería "88" o "H.H." cuyo significado aludía al saludo nazi: ¡Heil Hitler! Esta estrategia secreta de escape no fue obra de un sólo hombre como el obispo Alois Hudal, sino que se trató de una maquinaria mucho más compleja. Un solo hombre no hubiera podido abrir todas las puertas de los monasterios como refugio, encubrimiento, pasaportes falsos para miles de jerarcas nazis, entrada a diferentes países, y mucho menos el sometimiento de los gobernantes de Argentina a su voluntad. Entre los conventos y abadías puestos al servicio de criminales alemanes, eslavos y bálticos se encontraban lugares como Zagreb, Lijubljana, Trieste, Venecia, Roma Nápoles, el norte de Italia y España. No se trataba de una mera orden católica al servicio de los criminales de guerra, sino que estaban todas las órdenes envueltas en esto. Incluso, uno de los financieros de la labor de Alois Hudal, era la *National Catholic Welfare Conference* de Estados Unidos. Luego de pasar por los lugares religiosos de refugio eran embarcados hacia destino seguro en Génova, Cádiz o Vigo. El propio Vaticano mantiene guardados y privados al público todos los archivos de documentos que tienen que ver con estos asuntos.

Ante las aseveraciones de Deike, ambos periodistas estaban sorprendidos y alarmados.

—Tenemos muchas interrogantes que le iremos haciendo en diferentes secciones de esta entrevista. Haremos breves pausas para que le sea más cómodo. —dijo Eli Salem.

En todo momento Alexander Deike se mostró dispuesto a cooperar y de buena fe contestaba todo lo que los periodistas le preguntaban.

*"Cuando los ricos se hacen la guerra, son los pobres los que muere".*

—Jean-Paul Sartre

# 9

# Entrevista a Alexander Deike
# Parte II
# Renacimiento del mal

—¿De qué manera piensa usted que el fantasma nazi pudiera hacer dañó hoy? —preguntó Eli Salem.

—Los nazis nunca han estado ociosos. Ellos han estado trabajando siempre en búsqueda del control total de la sociedad. —contestó Alexander Deike.

En el rostro de Eli Salem se dibujó una mirada de pavor.

—¿De qué manera piensas que los nazis siguen activos hoy? ¿Acaso el III Reich no fue derribado por los aliados de: Francia, la Unión Soviética, el Reino Unido y los Estados Unidos? ¿Eso no es suficiente evidencia para afirmar que la amenaza nazi fue aplastada o devastada? —preguntó Eli Salem.

—Si usted mira solo a Hitler y a Alemania y se concentra sólo en eso, es fácil concluir que el fascismo y nazismo fue derrotado o aniquilado, pero es una conclusión irreal ya que el nazismo fue el producto de una doctrina impuesta sobre Hitler por una maquinaria superior, donde el *führer* era solo una marioneta. ¿Acaso no les comenté al comienzo de esta entrevista que en el 1936 el obispo Alois Hudal escribió el libro: *"Las Bases del Nacionalsocialismo"*? ¿Qué significado tiene esto que no sea que el verdadero nazismo se encuentra encumbrado en las altas esferas de poder católico cuya meta es el control del mundo? Usted puede aniquilar a Hitler, a Franco o a Mussolini, pero solo estará eliminando a un dictador y no a la raíz de la dictadura. La dictadura se encuentra encumbrada en un lugar mucho más alto que un mero individuo o una nación. Se trata de las intenciones de aquellas oligarquías que tienen el poder económico sobre todas las naciones. Son aquellos que pueden controlar la religión, la política y la economía a su antojo. —contestó Alexander Deike.

—O sea que vivimos en un mundo controlado. ¿De qué manera piensa usted que nos controlan? —preguntó Daniel.

—Le contestaré con otras preguntas. ¿Se le ha dicho la verdad histórica completa a la sociedad? ¿Por qué el Vaticano posee muchos archivos cerrados? ¿Por qué reescriben la historia a su manera y a su antojo? ¿Por qué estas verdades no las enseñan en las universidades de hoy? Y peor aun, una iglesia bajo el dominio de conspiradores dará como resultado uno muy diferente a la verdad. Es por esto que ahora pretenden reescribir la historia no solo la secular sino también la religiosa. Han afirmado que la historia bíblica no es como se narra en los evangelios sino que ahora pretenden validar los escritos gnósticos. Esto no es otra cosa que apartarse de la verdad para ir en pos de evangelios diferentes que justifiquen el control social que la oligarquía mundial pretende establecer. –afirmó Alexander Deike.

Eli Salem y Daniel Godwin asentían con sus cabezas. Ambos reconocían que Alexander Deike decía la verdad.

–¿Quiénes y por qué le ocultan la verdad a la sociedad? –preguntó Daniel.

–La oligarquía compuesta de los magnates, amos y dueños del mundo quienes poseen el control total de los monopolios del petróleo y de la energía en el mundo, a su vez, con su poderío económico manipulan todo alrededor. Me refiero a la educación fundando universidades e influenciando sobre todas las demás. El poder económico puede someter gobiernos controlando la política, la religión, las fábricas poderosas de toda clase, los currículos de la educación y los medios de comunicación. –contestó Alexander Deike.

—¿Qué universidades podrían estar siendo controladas por los grandes intereses de los magnates de los cuales usted afirma son los amos del mundo? —preguntó Eli Salem.

—La Universidad de Chicago, Harvard, New York, Columbia y Stanford, así como muchas otras universidades son ejemplos de ello. En el caso específico de la Universidad de Chicago tenemos que fue fundada por el magnate petrolero John D. Rockefeller quien fuera el creador del mayor monopolio petrolífero del mundo: la Standard Oil. ¿Qué tenemos aquí? Lo que tenemos es el poderío económico no solo creando sino también dirigiendo los currículos de la educación. —dijo Alexander Deike.

—¿Piensa usted que el poderío económico del mundo está en las manos equivocadas? —preguntó Daniel

—Lamentablemente muchos de los poderosos de la tierra están dispuestos a asesinar a todos aquellos que se conviertan un obstáculo en sus ganancias. Por brindar un simple ejemplo, en el año 1913 tuvo lugar la *Masacre de Ludlow* cuando gente propia de los magnates Rockefeller asesinaron a mujeres y niños en el suceso de una huelga de la Colorado Oiland Fuel. —dijo Deike.

—¿En manos de quién piensa usted se

encuentra la fortuna y la riqueza del mundo? –preguntó Eli Salem.

–La riqueza del mundo está en manos de aquellos que han usado la religión para someter a las grandes potencias financieras de la tierra. Es decir, el Vaticano ha sabido sacar ventaja de los mercaderes, de los banqueros, de los clanes de familia poderosos, de los magnates petroleros y de los reinos de la tierra. Usted puede mirar la fortuna de la familia Rothschild, las riquezas obtenidas por los Morgan (banca y ferrocarriles), Harriman (ferrocarriles y altas finanzas) y Rockefeller (petróleo y banca), pero estos son solo elementos de una enorme cadena que componen a las élites poderosas de la tierra. –contestó Deike.

–Cuando usted habla del caso de la *Masacre de Ludlow*, ¿está usted enlazando a los ricos con los asesinos inescrupulosos? Es decir, ¿propone usted que para los ricos el dinero adquiere mucho más valor que la vida misma? –preguntó Daniel

–Por amor al dinero se han creado guerras, se han hecho atentados terroristas, se han elaborado grandes conspiraciones, se priva al mundo de la verdad, se controlan los currículos de las universidades, se detiene el desarrollo de la ciencia, se asesinan a aquellos que son considerados obstáculos en los planes de los codiciosos. En el mundo se han hecho grandes atrocidades sociales por amor al dinero. No es casualidad que en nuestra sociedad moderna se levanten tantas sospechas en torno a lo acontecido el 11 de Septiembre de 2001 contra el World Trade Center en New York. Por diferentes medios se ha dicho una y otra vez sobre las múltiples incongruencias que rodean a dichos ataques, pero hay que ver como los gobiernos manipulan el cuadro social utilizando estos incidentes para conducir a la sociedad rumbo a las dictaduras. –dijo Deike.

–¿Cuáles piensa usted que fueron los resultados de dichos atentados del 911? –preguntó Eli Salem.

–El *911* fue un suceso controlado por el cual el gobierno de Estados Unidos utilizaría como pretexto para extender su dominio sobre la energía producida por el petróleo, así como para aumentar sus riquezas y control. El control no sería solamente en Afganistán sino que utilizarían esas técnicas de temores para imponer sobre los americanos la *U.S. Patriot Act*. Dicha ley aprobada el 24 de octubre de 2001 se impondría sobre las garantías constitucionales esenciales. ¿Cuáles fueron los resultados? El gobierno se reserva el derecho para suspender el *hábeas corpus*, el gobierno puede espiar todo de tipo de comunicaciones, ampliaron sus tentáculos procedentes de la inteligencia fuera de Estados Unidos, se introducirían en las cuentas de bancos de aquellos que consideran una amenaza, modificarían la designación de los jueces, exaltarían el secreto bancario, sanciones comerciales, limitaciones a los extranjeros y como si fuera poco le entrega mayores poderes a los presidentes para mantener en secreto sus acciones y la de sus descendientes. También propone en su *"Estrategia de la Seguridad Nacional de los Estados Unidos"*, ataques preventivos contra aquellas naciones que consideren una amenaza. De la misma forma crearon el *Homeland Security Department* que le brinda poder para espiar e intervenir contra aquellos que consideran amenazas potenciales. –dijo Deike.

–¿Piensa usted que Estados Unidos pudiera estar actuando en consonancia con el fascismo nazi, pero un estilo disfrazado de democracia? –preguntó Eli Salem.

–Volvemos a lo mismo. Si usted reduce la definición de fascismo a un mero líder político o dictador, no podrá tener un cuadro completo. El fascismo se ha encumbrado en los ideales de los poderosos que están sobre todos los gobiernos de la tierra, sean demócratas, liberales, republicanos, comunistas, dictaduras y demás. Hay una fuerza y poder mucho mayor que el presidente de los Estados Unidos de América. Es esa fuerza que hace que Inglaterra y Estados Unidos se dirijan a hacerle la guerra a Afganistán porque de esa guerra se generarán ganancias producidas por armas de guerra o por el control de los mercados que les interesan. Lo mismo sucedió en las guerras mundiales. El poder que se nutre de esas batallas sin importar las naciones, es el verdadero amo del mundo. Son ellos quienes ponen reyes, derriban imperios, crean el caos y toman las decisiones y rumbo de las naciones. Cuando Alemania fue vencida en la Segunda Guerra mundial, no pereció allí el nazismo, ni el fascismo ni las metas de Hitler. –dijo Deike.

–¿Está usted afirmando que las metas de Hitler siguen vigentes aunque él no esté presente? –preguntó Daniel.

–Hitler seguía un libreto, fue aquel que le fue dictado por el Vaticano. –respondió Deike.

–Pero entonces, ¿no está usted igualando la maldad que moraba en Hitler a los papas de la iglesia católica que regían en ese tiempo? –preguntó Daniel.

–¿Quién es más culpable de un crimen, el que lo planifica o el que comete el delito? ¿El que comete el asesinato o el que le brinda protección y escape? Creo que ambos son de igual forma culpables. –afirmó Deike.

*"...porque raíz de todos los males es el amor al dinero".*
*—Apóstol Pablo (I Timoteo 6:10)*

# 10

# Entrevista a Alexander Deike
# Parte III
# Dinero, guerras y pandemias

—¿Piensa usted que las razones de las guerras obedecen a algo más que conflictos civiles diversos en regiones aisladas? —preguntó Eli Salem.

—Los factores que conducen a las guerras responden a las intenciones y conspiraciones de los poderes económicos que rigen la sociedad. Estos poderes utilizan las marionetas que tienen colocadas en puestos de autoridad ya sean religiosos, políticos o económicos. —afirmó Deike.

—¿Por qué si es así como usted asegura, ellos, los poderosos que pusieron a Hitler al poder, permitieron que Alemania se convirtiera en un lugar desolado por la guerra? —preguntó Eli Salem.

—Primero que nada, Hitler no era la meta de glorificación para los poderosos que rigen la tierra. Hitler era sólo un instrumento pasajero o temporero de los planes que ellos tienen. De la misma forma lo era y es Alemania. Segundo, las guerras tienen que liberarse en alguna parte del mundo donde tienen que ser justificadas. En ese momento, Alemania estaba todavía distante de lograr los planes mundiales que ellos tenían y tienen. De esta forma al crear la guerra se justificaba la compra-venta de armas y los amos y señores del mundo estarían allí para suplirlas, proveerlas y sacar ventaja de la partida. El negocio de las armas es otro de los monopolios que existen en toda la tierra. Algunos de los que se lucran de esto lo son los propios directivos y ex jefes del Pentágono. Estos fueron electos por los presidentes norteamericanos y a la vez fueron financiados por el oligopolio banquero enriquecido a costa del petróleo, los clanes Rothschild, Rockefeller, Morgan, Harriman, y otros muy poderosos. –afirmó Deike.

–¿Quién se enriquece de la venta de las armas? –preguntó Daniel.

–Las empresas norteamericanas e inglesas tales como: United Technologies, Boeing McDonnell Douglas, Northrop Grumman, Lockheed Martin, Raytheon, Dyncorp y General Dynamics, entre algunas otras, todas vinculadas a personalidades del Pentágono y a los poderosos que han identificado estas industrias como fuente de riquezas. –dijo Deike.

—O sea, de lo que usted habla es de un serio conflicto de intereses, ¿cierto? —preguntó Eli Salem.

—De lo que yo hablo es de un complejo entramado político y económico en el cual altos mandatarios se benefician de tragedias sociales. —afirmó Deike.

—Usted ya ha hablado de los ricos y ha mencionado al cuerpo de inteligencia de la CIA. ¿Piensa usted que existen personas dentro de los grupos de inteligencia que se lucran de la tragedia de otros? —preguntó Daniel.

—Claro, es común ver a líderes del Pentágono sacando partida y beneficio de las campañas de guerra. Se ha visto a agentes del Pentágono y de la CÍA alternar cargos ejecutivos en bancos, empresas de armamentos y petroleras. Esto es una realidad que no solo incumbe al aspecto de las guerras y de las armas. En este tiempo hay otra clase de armas que están siendo usadas y mucha gente lo ignora o no cree que esto pueda ser cierto.

—¿A qué se refiere? —preguntó Eli Salem.

—Me refiero al negocio que puede resultar de una pandemia. La guerra bacteriológica se convierte en un arma mortal que puede generar muchas ganancias a quienes poseen acciones en las farmacéuticas que hacen los medicamentos. Y como si fuera poco, si el propio Pentágono puede hacer experimentos con los civiles para probar sus armas sean químicas o bacteriológicas bien pueden nutrirse económicamente de la compra-venta de fármacos que sirven para curar enfermedades provocadas y controladas. –dijo Alexander Deike.

–¿Afirma usted que muchos de los directivos del Pentágono podrían estar lucrándose de las guerras y de las pandemias? –preguntó Daniel.

–¿Cuáles fueron los vínculos de Donald Rumsfeld, ex ministro de Defensa de Bush, con el medicamento llamado *Tamiflu*, usado para tratar la reciente pandemia de la gripe porcina H1N1? El Tamiflu fue desarrollado por Gilead Sciences Inc. y avalado por la Organización Mundial de la Salud (OMS). Donald Rumsfeld fue presidente de la Gilead Sciences Inc. desde el 1997 hasta el 2001 cuando pasó al mando del Pentágono. Allí en el Pentágono mantenía sus acciones en su antigua empresa. ¿Creen ustedes que fuera casualidad que mientras Rumsfeld era ya presidente del Pentágono surgiera una epidemia justamente propicia de la enfermedad para la cual él tenía sus acciones en los laboratorios que creaban la cura a la misma? De la misma manera, el propio Pentágono le autorizaba a hacer experimentos bacteriológicos con fines militares. ¿Sería la primera vez que los militares usaron a los civiles como conejillos de india para probar sus armas? Creo que no. –dijo Alexander Deike.

–¿Está usted incriminando a Donald Rumsfeld,? –preguntó Daniel.

–No, yo lo que le estoy preguntando a usted es si a Donald Rumsfeld, le convenía o no, el que la gente usara el Tamiflu y mucho más si toda la sociedad lo usa. ¿Esto le generaría mucha ganancia? ¿Cierto? –afirmó Deike de forma sarcástica.

–¿Afirma usted que el dinero constituye un mal social? –preguntó Eli Salem.

–No, el dinero no es un mal social. El mal social es el amor al dinero y no el dinero en si mismo. Cuando los ricos se llenan de codicia y de avaricia es el momento que no les importa sino solo aumentar sus caudales económicos. Aunque parezca muy fuerte para los oídos de mucha gente, se siguen escuchando los ecos sociales que exponen los temas sobre la creación, producción y almacenamiento de virus, bacterias y protozoarios mortales para la humanidad y como los gobiernos por medio de sus laboratorios en manos de la supuesta milicia defensora el Pentágono, no solo los posee sino que ha llegado a experimentar con civiles en diferentes partes del mundo y todo esto amparado por las leyes que ellos mismos han creado para protegerse. Parecería para muchos que tragedias como el SIDA, el SARS y otras enfermedades pudieran ser herramientas de control poblacional para aquellos que velan por sus intereses de riquezas sobre la tierra. Por amor al dinero se han hecho hoy grandes monopolios sobre el petróleo, la banca, las empresas de armas, los laboratorios, las universidades y los medios de comunicación más importantes. También, por amor al dinero los hombres han sido capaces de vender sus almas al mismo infierno con tal de tener el poder. El amor al dinero provoca que los grandes billonarios de la tierra como los Rockefeller se propongan controlar todo el planeta y sacar ganancia de todo lo que cada ser humano necesita, es decir: gasolina, dinero, comida, energía, educación, religión, política, información, leyes, medicinas, vestimenta, minerales, industrias diversas incluyendo la de armas. ¿Tienen las élites poderosas como los Rockefeller, Harriman, los Morgan y otros, una ventaja de control social que se puede convertir en una dictadura al extender su poderío a todas las plataformas sociales? Creo que sí, y el poder se conduce hacia una oligarquía. –dijo Deike.

–Entonces, ¿usted propone que no existe hombre digno de confianza como para entregarle todo el poder en sus manos? –preguntó Eli Salem.

–Hasta ahora, los hombres se han corrompido en pos del dinero. Hemos visto como los Rockefeller se han beneficiado de las riquezas de aquellos que se les han unido en su *Concilio de Relaciones Exteriores,* como por ejemplo el grupo DeBeers. Fueron los DeBeers quienes hicieron el monopolio del mercado de la explotación de diamantes en Sudáfrica. ¿Qué resultó de esto? La explotación a causa de la ambición. Esto dio paso a abusos sociales contra los negros, mutilaciones, millones de asesinatos, genocidios, destrucción de familias completas, terrorismo, hambre, persecuciones, violaciones contra mujeres y niños, destrucción de pueblos enteros, pobreza para los residentes, desplazamientos masivos, expropiación de terrenos, y atrocidades ocasionadas por medio de sus grupos terroristas con lazos mundiales. ¿Ésta es su manera de hacer las riquezas y de presentarse al mundo con una fachada de filántropos y gente de bien? Por el interés en cosas materiales se desprecia el valor de la vida humana y se comenten genocidios semejantes a los ocurridos en Zaire en el 1994. Usted ha visto como los Estados Unidos se presenta con la fachada de defensor de los derechos democráticos del hombre cuando se trata de tierras que poseen algo que les interesa. Pero se hace de la vista larga cuando esa indiferencia le resulta en ganancia económica. Ese fue el caso de Zaire donde murieron sobre quinientos mil ruandeses. El propio gobierno de los Estados Unidos se negó a brindar la ayuda militar correspondiente para evitar enfrentamientos entre Zaire, Ruanda, Uganda y Burundi y esto condujo a millares de muertos, pero que finalmente limpiaban las tierras donde ellos poseían los recursos minerales de manganeso y cobalto que la milicia de los ricos necesita muy a menudo.

—Usted presenta una óptica del mundo donde los políticos se presentan con una fachada social de benefactores, pero tras bastidores es el egoísmo y el interés el que reina. —comentó Eli Salem.

—No lo podría resumir mejor. —dijo Deike—. Mira, lo que sucede es que estamos tan entretenidos en la sociedad que solo podemos ver los acontecimientos aislados y no miramos lo que realmente provoca las cosas. Se nos ha educado en mentes cerradas predispuestas a no reflexionar ni hacer una valoración crítica de las cosas. Por ejemplo, tomemos el asunto del Holocausto en Alemania. Tendemos a mirar ese suceso como un mero hecho aislado de un dictador que bajo una religión ocultista utilizó una serie de metáforas culturales y mitológicas y las quiso imponer socialmente con un racismo desmedido contra aquellos que consideraba eran diferentes e inferiores. Esto al parecer nos justifica el entender la muerte de más de seis millones de personas. Hasta aquí hemos errado, ya que ignoramos los factores de poder tras bastidores que sirvieron para impulsar esos eventos. Ignoramos las conexiones de las sociedades secretas como los *Skull and bones* con las familias adineradas de los Harriman y los Rockefeller. Nada se nos dice de las intrigas familiares y los lazos que unen a la banca que financiaba directamente a Hitler. De cómo una Alemania sin crédito internacional de pronto cuenta con los recursos necesarios para su tercera dictadura y procedente de los arreglos de los Harriman y los Bush en Wall Street por medio de los amigos de Himmler, Franz Thyssen y Friedrich Flich. Así y solo así fue que las camisas negras de la SS y las tropas de asalto (S.A.) pudieron poseer el dinero y seguir adelante con sus planes genocidas. Tampoco nada se nos dice sobre los otros vínculos que poseían esos millonarios con otros dictadores como Mussolini. Es decir, tenemos una verdad a media, completamente controlada a gusto por aquellos que tienen el poder y que celosamente han detenido el conocimiento de la verdad para preservar su poder de forma segura. –dijo Deike.

–¿De qué manera eso afecta a los que vivimos en América? –preguntó Daniel.

–Los millonarios como los Rockefeller han tenido la astucia de crear la organización *Concilio de Relaciones Exteriores (Council of Foreign Relations)* en 1921 para influenciar todas las ramas sociales en todo el mundo. Entre sus miembros corporativos se encontrarían accionistas, banqueros, medios de comunicación, empresarios, petroleras, editoriales, medios informáticos y tecnológicos, farmacéuticas y laboratorios. De esta manera, los Rockefeller se aseguraron que todo lo que acontece en la sociedad vaya de acuerdo con sus planes de dominio para el mundo. Este poderío social tiene a sus agentes sociales quienes hacen lo que tengan que hacer para servirle a los intereses de los poderosos. Se trata de las sociedades secretas. Recordemos como en el pasado una de esas sociedades llamada la "Mano Negra" de Serbia, fue la que sirvió para matar al archiduque Francisco Fernando en Sarajevo. Esto condujo a la Primera Guerra Mundial. Esto no se trata de un suceso aislado sino que tiene que ver con toda una red mundial de sociedades secretas cuyo cerebro se rige por el poderío religioso jesuita-católico fascista vinculado a las élites poderosas. Tan solo en *Concilio de Relaciones Exteriores* se han hecho miembros: presidentes de las naciones, políticos, jefes de la C.I.A., empresarios, banqueros, dueños de los medios de comunicación, directores de universidades, petroleros, empresarios y también otras personas de diferentes plataformas sociales. De estas conversaciones lo que resulta es una enorme bestia colosal que se diversifica hacia cada una de las diferentes áreas y que responden a los intereses de aquellos que dirigen al grupo. Directrices que vienen a golpear a la sociedad en todos los sentidos, sea educación, leyes, entretenimiento, información que se recibe, cosas que consumimos y demás. –contestó Deike.

–¿Cuál crees será el resultado de este control social que explicas? –preguntó Daniel.

–Una nueva y renovada dictadura fascista mundial se acerca. –respondió Deike.

*"El deber de todas las grandes potencias es servir al mundo, no dominarlo".*

–Truman

# 11

# Entrevista a Alexander Deike
# Parte IV
# Una dictadura se acerca

El deseo de saber la verdad completa, invadía las mentes de los Eli Salem y Daniel Godwin quienes no cesaban de preguntarle a aquel anciano del cual emanaban controversiales respuestas que parecían alarmar la conciencia de los investigadores.

–Cuando usted dice que una nueva y renovada dictadura fascista mundial se acerca, ¿a qué se refiere? –preguntó Eli Salem.

–Me refiero al mundo completo dominado por la fuerza a manos de un gobierno totalitario que tiene la misma ideología que tuvo Hitler. –respondió Alexander Deike.

–¿No resulta descabellada esa tesis que propones? –preguntó Daniel.

–No son tesis y mucho menos descabellada. Es la realidad mundial delante de vuestros ojos. –afirmó Deike.

—Explíquese. –inquirió Daniel.

—El nazismo de Hitler no era otra cosa que el reflejo de las ideas superiores impuestas por un poder religioso mayor. Mayor que cualquier líder político y mayor que cualquier estado o nación. Una nación como Alemania pudo ser derribada por la guerra, pero los verdaderos responsables de aquel primer holocausto o *"shoa"* quedaron impunes y siguen vigentes hoy. El poder fascista no se puede resumir en la palabra "nazi", sino que alcanza una definición mucho mayor. Aquellos poderosos religiosos, financieros y patrocinadores de Hitler poseían y poseen unas metas que trascienden los límites de las naciones nazis. Fue por eso que se les hizo posible moverse desde Europa hacia América del Sur y otras naciones y seguir maquinando contra la humanidad. –explicó Deike.

—¿De qué manera piensas que existe una nueva amenaza fascista mundial? –preguntó Eli Salem.

—El fascismo nunca ha sido desarraigado. Es lo que vemos en las naciones día a día, pero de manera disfrazada por otra clase de sucesos. No se trata de un puñado de miles de personas neonazis como los que se reúnen en Dresde, Alemania, el 13 de Febrero todos los años. De lo que hablo es de los planes fascistas nazis llevados a cabo por las agendas globales que controlan la economía, los gobiernos, la política y la religión.

—A ver si estoy comprendiendo el mensaje que usted nos está transmitiendo. Usted lo que está afirmando es que el fascismo nazi posee hoy algo más que la capacidad de organizarse. Según lo que puedo entender, usted nos está diciendo que vamos rumbo a un régimen fascista mundial. ¿Cierto? —afirmó Daniel.

—Miren, mucho antes de la Segunda Guerra mundial, los nazis tenían un plan y era unificar Europa bajo una dictadura. —dijo Deike.

—¿Antes de la Segunda Guerra mundial? —preguntó Eli Salem.

—Sí. —contestó Deike.

—Pero siempre se nos ha dicho que la unidad europea surge de la intención de superar el nacionalismo y evitar las guerras. Siempre han hablado a manera de rechazo contra el nazismo. ¿Cierto? —preguntó Eli Salem.

—Pero la realidad es otra. —comentó Deike.

—¿Cuál es la realidad según su punto de vista? —indagó Eli Salem.

—La realidad es que los verdaderos nazis que están por encima de las marionetas políticas ya planeaban fundar una cuarta dictadura por medio de una unidad europea. —dijo Deike.

—Entonces, lo que estás afirmando es que el desarrollo de la Unión Europea a lo que responde es a una meta, ideal y plan nazi. —preguntó Daniel dejando notar escepticismo en su mirada.

—Así es. Como fruto de la Segunda Guerra mundial, Europa se encontraba dividida en dos bloques completamente diferentes, esto serviría de pretexto para que aquellos poderosos y acaudalados clanes de familias que conforman la élite, se dedicaran a mover las fichas sociales con el propósito de extender su dominio sobre la tierra. Siendo controladores de la política internacional dejarían ver su influencia por marcados logros como: El Tratado de Bruselas en 1948, Unión Europea Occidental en 1954, La Organización Europea de Cooperación Económica en 1948 entre los países beneficiarios del Plan Marshall, La Unión Europea de Pagos, fundada en 1950, Los tratados de las Comunidades Europeas (Tratado de París de 1951), El Tratado de la Unión Europea (TUE), conocido también como Tratado de Maastricht, los Tratados de Roma de 1957 y el Acta Única Europea de 1986). Todos estos constituyen un paso crucial en el proceso de integración europeo, pues se sobrepasaba por primera vez el objetivo económico inicial de las comunidades y se le daba una vocación de carácter político. Adoptaron dos sistemas de cooperación intergubernamental: la Política

Exterior y de Seguridad Común (PESC) y la Cooperación en Asuntos de Interior y de Justicia (CAJI). Otro tratado relacionado lo es: El Tratado de Ámsterdam, aprobado por el Consejo de la Unión Europea que entró en vigor en 1999. Con el Tratado de Ámsterdam se alteró la estructura política de la Unión, debido a la ampliación prevista para otros Estados. También el Tratado de Niza modificaría el Tratado de la Unión Europea. Como pueden ver se ha ido edificando paso a paso la unidad económica y política y la unidad militar se ha hecho posible por medio de la OTAN, la Organización del Atlántico Norte. –dijo Deike.

–No es para llevarle la contraria a sus argumentos, pero ahora mismo la Unión Europea se presenta como una alianza regional. Usted afirma que la integración político-económica europea responde a planes nazis –dijo Daniel.

–Si usted investiga se dará cuenta que detrás de muchos de los Tratados y organizaciones que han estado detrás de la unidad europea están enlazados al pasado de los nazis. La Unión Europea se presenta como una alianza regional por un tiempo determinado, pero las metas masónicas mundiales es absorber a todas las naciones de la tierra en un mismo sistema económico común que desembocará en una unión política, militar y religiosa. Usted puede pensar que se trata únicamente de un asunto europeo y que compiten con Estados Unidos de América, pero la realidad es otra. Existen planes de unión global en los que se divide el planeta completo en diez regiones de poder, estas diez regiones tendrán a un líder mundial sobre ellos. A lo que me refiero es a una alianza mundial total. Se trataba desde los comienzos de un trabajo en conjunto de la Oficina de Servicios Estratégicos Office of Strategic Services (OSS) que se convertiría en la CIA en 1947, la NSA o Nacional Security Agency que posteriormente se convertiría en la Central Security Service (CSS) o Servicio Central de Seguridad y de la cooperación con otros grupos de inteligencia. –explicó Alexander Deike.

–¿Por qué usted involucra la CIA y la NSA o la CSS con la política europea? –preguntó Eli Salem.

–La élite que controla el mundo no hace diferencia entre banderas y naciones ya que tienen gente en diferentes gobiernos. –respondió Deike.

–Pero, ¿cómo puede dicha élite controlar a diferentes satélites en diferentes naciones? –preguntó Eli Salem.

–Por medio de la alta jerarquía masónica. Deben entender que la élite que controla el mundo lo hace por medio de la unión de eslabones como los jesuitas quienes rigen sobre los Illuminatis masones de alto rango, quienes por medio de las grandes logias imponen sus planes de forma sutil sobre las logias y sobre todos los miembros que la componen. Entre los miembros de las sociedades secretas están: políticos de diferentes naciones, economistas, abogados, legisladores, científicos, escolares, religiosos, escritores, editoriales, gente de la prensa, y toda clase de personas prominentes quienes serán usados para imponer las directrices de los iluminados sobre toda la sociedad. –explicó Deike.

–Específicamente de la CIA y la NSA, ¿de qué manera piensas que están ligados a los planes de la elite? –preguntó Eli Salem.

–La Agencia Central de Inteligencia (CIA, Central Intelligence Agency) fue creada para espiar y vigilar no solo a Estados Unidos sino también al exterior. Siempre usando el pretexto de la seguridad y de la defensa de la nación. Fue creada en 1947 por el Presidente de los Estados Unidos, Harry S. Truman, sustituyendo a la Oficina de Servicios Estratégicos (OSS) de la Segunda Guerra Mundial. ¿Quién fue Truman? Un masón de grado 33. Una persona que seguía las directrices de la jerarquía jesuita e Illuminati. En 1949 le otorgaron a la CIA poderes para investigar sin necesidad de autorización judicial, expedientes administrativos y fiscales. En su interior se encuentran muchos de los alumnos de la universidad de Yale de cuya universidad es la cede de la sociedad secreta de los *Skull and Bones.* —dijo Deike.

—¿Piensa usted que la CIA tiene otros propósitos fuera de lo que alegan ser? —preguntó Daniel.

—Siempre los organismos nazis se presentarán con una fachada opuesta a lo que son en realidad. Se nos dice que la razón de ser de estas entidades son para seguridad, protección, combatir el terrorismo, y hacer diferentes investigaciones para el desarrollo de proyectos científicos y tecnológicos. Sin embargo, no se nos dice mucho sobre su relación con la Mafia, el imperio de la heroína y el opio, sus lazos con traficantes libaneses y turcos. Cuando estos vínculos son expuestos al público, entonces afirman que se trata de operaciones secretas de incubiertos e infiltrados. Sin embargo, es notorio en algunos medios independientes de prensa que la CIA ha tenido lazos con el hampa china productores de opio, morfina y heroína. Ese lado oscuro es escondido de los ojos de la gente y se crea una imagen positiva utilizando a Hollywood. —dijo Deike.

—Todavía no comprendo algo. Si esas alegaciones fueran ciertas, entonces ¿como esos grupos de inteligencia pueden burlar las leyes y permanecer impunes? —preguntó Daniel.

—Le contestaré con otra pregunta. ¿Cómo los asesinos nazis, en su mayoría quedaron impunes luego de haber asesinado a más de seis millones de indefensos? Y no solo eso, es en la propia CIA donde fueron a parar muchos, incluyendo en la presidencia del grupo de inteligencia. Cuando se trata de lograr sus objetivos se vale de muchas artimañas donde el dinero hace las leyes. Para lograr sus oscuros fines hasta hacen entrega de falsos informes que incriminan a sus enemigos como por ejemplo lo que hicieron contra Iraq en el 2004 afirmando que poseían armas de destrucción masiva. Un estudio serio sobre la CIA, nos dice que se dedican a jugar con los terroristas usándolos como marionetas para adelantar sus fines mundiales. Financian de forma secreta la Jihad islámica a través del ISI y luego hacen espectáculos ante el público de ser víctimas de ataques y de terrorismo. Los únicos propósitos verdaderos de los ataques contra Afganistán lo son el control sobre los mercados del opio el cual solo en ese lugar genera sobre 200 mil millones de dólares al año. Nunca las verdaderas razones de sus incursiones militares serán presentadas al público. Ellos usarán toda clase de historias inventadas o falsificadas, pagarán enormes cantidades de dinero a sus satélites en la prensa para que les abran el camino en la opinión pública con tal de justificar sus planes y exaltarán el lado patriótico para que el pueblo responda ofreciéndose de voluntario para la guerra. –explicó Deike.

–Entonces, según sus alegaciones, la CIA es una agencia terrorista, ¿cierto? –preguntó Daniel.

–Mucha gente ignora que la CIA es amiga del terrorismo ya que la prensa sirve para esconder los hechos reales. Se trata de una organización nazi criminal que está dispuesta a hacer lo que sea para lograr sus fines políticos, religiosos y económicos. Mientras la sociedad duerme, los planes de control humano siguen avanzando. Tanto la CIA como la NSA poseen la tecnología computadorizada para monitorear a cada ciudadano desde un cuartel central. –afirmó Deike.

–Cuando usted habla del monitoreo que posee la CIA o los grupos de inteligencia sobre los ciudadanos, ¿a qué se refiere? –preguntó Daniel.

–Las sociedades secretas le rinden culto al 'Ojo de Horus", ellos afirman que es "el ojo que todo lo ve". De esta manera procuran rastrear cada paso sobre los humanos. En el Fort Meade de Maryland se encuentran las facilidades complejas donde se reúnen los *Numeratis* quienes son matemáticos y expertos en crear tendencias sobre los hábitos de consumo de las personas. También se reúnen en aquel lugar burócratas de los gobiernos, oficiales de inteligencia, personal militar y especialistas en tecnología. Esa cede trabaja mano a mano con las organizaciones de control mundial dedicadas a planear guerras, monitoreo social, espionaje y manejo de redes de inteligencia. Los diferentes servicios secretos de la Tierra como: el Servicio de Inteligencia de Francia, la Policía Secreta de Rusia denominada KGB, la agencia de espionaje de Israel, la Mossad, el MI-6 británico y el Servicio Secreto de Inteligencia de Canadá pueden estar trabajando en conjunto a los mismos fines de control masónicos de la NSA. Desde ese lugar se coordinan toda clase de acciones maquiavélicas que suceden para preservar el poder y las riquezas de la élite que la controla. –dijo Deike.

–¿Qué de aquellos periodistas que han hecho estudios donde afirman que estos grupos como la CIA al estar en manos de nazis son capaces de cometer crímenes? –preguntó Daniel.

–Los altos fascistas no reconocen nacionalidades a la hora de imponerse por la fuerza. Para ellos el fin justifica los medios. A la hora de presentar como legítimas sus causas, se valen de todo, desde informes falsos y creados hasta atentados provocados por ellos mismos utilizando sus sucias manipulaciones. La propia CIA americana es parte de esas manipulaciones sociales. Como ya les comenté anteriormente, la CIA surge del pretexto de la

Segunda Guerra mundial. Se creó la organización por medio del masón Truman con sus alegaciones de hacerle la guerra la Eje. Los miembros de la CIA han sido presidentes, directores y líderes de las organizaciones más importantes que dirigen la política internacional, como por ejemplo el Concilio de Relaciones Exteriores. ¿Quiénes vinieron a ser parte de la CIA? Los que vinieron a ser parte de la CIA fueron los antiguos miembros de la SS. Fue la *US Army Counter Intelligence Corps,* lo que es hoy la C.I.A, quien les abrió los brazos a los miembros del partido nazi.

—¿Conoce usted de algún caso específico que vincule a la CIA con los nazis? —preguntó Eli Salem.

—Claro, solo basta investigar los trasfondos de muchos de los líderes de la CIA. Durante la Guerra Fría, las agencias de inteligencia de EE.UU brindaron protección secreta y apoyo a ex oficiales y colaboradores del régimen de Hitler. Siempre existía una razón o pretexto para proteger y ayudar a los asesinos nazis. En aquel entonces afirmaban que los usarían contra los comunistas. La CIA organizó, entre 1949 y 1955, una red de espías alemanes preparados con el pretexto de proveer información por si sucedía una invasión de la Unión Soviética a Alemania Occidental. Una de estas redes incluía a dos ex miembros de la SS, estos fueron Heinrich Hoffman y

Hans Rues; otra estaba al mando de Walter Kopp, un ex oficial del ejército nazi, muchos otros eran cercanos a Adolf Eichmann y trabajaron para la agencia de inteligencia, otras decenas de nazis fueron reclutados y más de un centenar de oficiales miembros de la SD o la GESTAPO se unieron a la Organización Gehlen (inteligencia de Alemania Occidental). Por otro lado, el oficial de la Inteligencia de la SS, Heinz Felfe fue el líder en 1955, de la contrainteligencia, organización de Alemania Occidental Gehlen, fundada por los EE.UU. la cual afirmaba vigilar a los soviéticos. La CIA también reclutó a Tscherim Soobzokov, un agente de las SS quien fuera reclutado en el Cáucaso para integrar una de las más brutales fuerzas nazis. Estos son solo algunos de los miles de casos en los cuales la CIA se hizo parte de los nazis y no prestó importancia a su oscuro pasado. ¿Por qué las agencias de inteligencia reclutaban estas personas? ¿Pretendían ejercer un control sobre ellos? ¿O simplemente sus fines son igual de siniestros que los nazis? Una de las primeras operaciones oscuras de la CÍA fue el "*Project Paperclip*", donde reclutaban científicos, militares y colaboradores nazis de todo tipo para trabajar y vivir en Estados Unidos. ¿Pondría usted a un asesino a velar por el bienestar de una nación? De la única manera que se puede explicar esto es que las fuerzas reclutadoras fueran igual de siniestras que los asesinos reclutados. –aseveró Deike.

–¿Cuáles piensa usted fueron los amigos de los nazis luego de la Segunda Guerra? –preguntó Daniel.

–Ya les comenté que el Vaticano era su principal protector, luego usaron aquellos diferentes gobiernos y agencias subordinadas a Roma. Perón en Argentina y también otros países como: Brazil, Paraguay, Bolivia, y por supuesto, Estados Unidos y la CIA. Muchos de los científicos nazis fueron a prestar sus servicios para desarrollar en Estados Unidos el "Proyecto MKUltra". –dijo Deike.

–¿Qué fue el Proyecto MKUltra? –preguntó Daniel.

–El Proyecto MKUltra se trataba de experimentos de control mental, uso de drogas, electromagnetismo, radiaciones y cosas muy siniestras para hacer de los humanos meras armas de ataque contra los enemigos. Cabe preguntarse, si fueron capaces de esto, ¿cuánto más serán capaces de utilizar las drogas de forma controlada sobre la sociedad? –dijo Deike.

–¿Cuán cerca está la sociedad de ese control de la CIA? –preguntó Eli Salem.

–Prácticamente han planeado un control total. Desde la política, la religión, la educación, la prensa, los medios de comunicación, y han estrechado sus tentáculos sobre toda área de cada individuo, sea de forma privada utilizando sus servicios secretos, así como dominando sobre las editoriales y sistemas satélites. –afirmó Deike.

–Usted afirma que la CIA podría estar controlando las cadenas de satélites. ¿De qué manera? –preguntó Eli Salem.

–Le contestaré con otra pregunta. ¿Piensan ustedes que un grupo de inteligencia descartaría la oportunidad de penetrar en cada hogar por medio de los sistemas satélites? Es decir, un sistema que conecta los televisores en el interior de cada hogar con la computadora que puede monitorear y ver desde los cielos billones de hogares. –afirmó Deike.

–Tomando en cuenta las afirmaciones que usted ha hecho, ¿podríamos afirmar que la CIA posee un sentido de omnipotencia? –preguntó Eli Salem.

–Aunque les parezca exagerado, estos grupos secretos se declaran como aquellos que tienen un poder divino para "atar y desatar" y hasta utilizan bases bíblicas en sus emblemas. –contestó Deike.

–Actualmente, ¿Cuál es el poder de la CIA? –preguntó Eli Salem.

–La CIA trabaja mano a mano con la masonería. Es por esto que tenemos al masón Nicolás Sarkozy en la presidencia de Francia. Cuando las naciones vienen a darse cuenta de quienes son los que los gobiernan ya es muy tarde. La CIA, la masonería y sus diferentes marionetas han estado colocándose en el ambiente político, económico y religioso en los últimos tres siglos. Tenemos frente a nosotros una monstruosa bestia política que va adquiriendo poder día a día y que está sometiendo universidades, científicos y estudiantes para moldearlos a su manera y a su antojo. –afirmó Deike.

–¿Qué significado tiene para usted la FBI? –preguntó Eli Salem.

–El FBI no es otra cosa que una hermana de la GESTAPO de Hitler. Una policía paralela pero que posee muchos más poderes que la policía estatal. Fue creada por Roosevelt en 1935. Es el producto de las sociedades secretas. La élite necesita un brazo armado, para esto usan los diferentes servicios de inteligencia, y las policías secretas. Estas estarán al servicio de las grandes organizaciones que rigen el mundo. –dijo Deike.

–Ya usted ha dicho que esta "bestia política" como usted la describe, no se trata de un esfuerzo de un mero grupo, sino de un control sobre todos los grupos que dirigen la sociedad. ¿De qué manera usted los interrelaciona? –preguntó Eli Salem.

–Es un hecho que hay un poder oligárquico que se impone sobre las organizaciones que tienen el rol social de dirigir las naciones. Las Naciones Unidas y la Casa Blanca trabajan mano a mano sobre los proyectos de control humano. Naciones como: Estados Unidos, Rusia, Francia, Gran Bretaña, entre muchas otras, se rinden ante ese control. La organización de las Naciones Unidas fue creada con el pretexto de evitar una nueva guerra tan atroz como la Primera Guerra mundial del 1914-1918, pero si ese hubiera sido su verdadero propósito no hubiera tenido lugar la Segunda Guerra mundial posteriormente. Lamentablemente, la paz a la que se refieren, solo sirve si sus intereses no se ven afectados. Hay una fuerza que tiene mayor peso sobre estos organismos como la O.N.U. y lo es el control de la élite. Se trata de influencias económicas y decisiones de poder, donde las bancas internacionales como el Fondo Monetario Internacional (FMI) y al Banco Mundial (BIRF) y demás organismos satélites como el Banco Interamericano de Desarrollo (BID) tienen un lugar determinante. Estos poderes económicos y políticos responden a grupos oligárquicos pero de multimillonarios unidos que ocasionan un control social. Ellos poseen centros que investigación que procuran someter las diferentes naciones a sus intereses económicos. La propia Reserva Federal de los Estados Unidos tiene una influencia muy poderosa en la economía no solo de Estados Unidos sino a nivel mundial. Pueden manejar las tasas de interés a corto y largo plazo, intervienen en el mercado financiero, afectan el nivel de empleo y desempleo, y hacen cambios en el flujo capital. Sus decisiones son algo que nos afecta a todos por igual. –informó Deike.

*"El poder tiende a corromper; el poder absoluto corrompe absolutamente"*.

–Lord Acton E. Dahlerg

# 12

# Entrevista a Alexander Deike
# Parte V
# Un Nuevo Orden Nazi

Eli Salem  y Daniel Godwin guardaron silencio por un momento. Las palabras de aquel anciano pudieran ser tomadas como desvaríos de su mente, pero con la diferencia que los datos que Alexander Deike hablaba parecían ser una ilustración de la realidad social.

—Entonces, usted propone un panorama pesimista del futuro del hombre. ¿Cierto? —preguntó Eli Salem.

—No, yo hablo de cosas que ustedes pueden corroborar. Nada de lo que digo surge de mis opiniones sino de hechos reales y contundentes. —aseguró Deike.

—Si los nazis o fascista tienen el poder que usted alega, ¿qué o cuál es su objetivo y que podemos hacer el respecto? —preguntó Daniel.

—Los planes nazis fascistas siempre fueron crear un IV Reich. Esta cuarta dictadura estaría desarrollada bajo un imperio económico creando una alianza de todas las naciones en Europa. Ya antes de la Segunda Guerra mundial eso estaba planeado, pero hoy se nos dice todo lo contrario. Se nos dice lo contrario porque pretende desasociar a los nazis con los logros de hoy para imponer el dominio sea como sea. Ahora mismo lo que los nazis están haciendo es utilizando sus fachadas de piedad para ir adelantando sus oscuras causas. El que hayan tomado un receso en sus acciones militares genocidas no quiere decir que hayan renunciado a su naturaleza hostil. El silencio y la apariencia de un mundo de paz les sirve para ir adelantando sus experimentos, investigaciones, tratados de unificación, extendiendo sus territorios. Mientras la sociedad duerme, la masonería va colocando ficha por ficha en cada espacio político a los que en el futuro les servirán de verdugos. —dijo Deike.

—¿Qué evidencias podría usted mostrar al respecto? —preguntó Daniel.

—Mira, hay un informe del Servicio de Inteligencia Militar de los Estados Unidos titulado *EW-Pa 128* el cual es llamado también *Informe de la Casa Roja,* en dicho informe se detalla como los altos jerarcas fascistas nazis tuvieron como punto de encuentro el Hotel Casa Roja en el año 1944. Ya los alemanes presentían su derrota y crearon la estrategia de movilizar sus empresas importantes como la Siemens, Volkswagen, BMW entre otras, hacia el extranjero, pero utilizarían un disfraz demócrata. De esta manera utilizarían esa táctica para renovar la potencia nazi. Es lo mismo que está sucediendo en Europa y en el mundo entero donde los satélites nazis han sido colocados en puesto de mando y de control en la política. El nazismo se nutre de las ideas masónicas. Los masones a su vez se nutren de los templarios y estos a su vez se nutren del paganismo, obviamente con una fachada de cristianismo y religiosidad. –explico Deike.

–¿Cuál fue el resultado de esa movilización de los capitales nazis hacia el extranjero y de aquellos que permanecieron en aquel lugar pero utilizando fachadas demócratas? –preguntó Eli Salem.

–El resultado fue la recuperación rápida de la economía Alemana luego de la Segunda Guerra mundial y la extensión de sus empresas por diferentes partes del mundo, muchas de las cuales la mayoría de la gente ignora que sirvieron y sirven para fortalecer Alemania y más que ese país, sirven para continuar las metas fascistas de la oligarquía controladora. –dijo Deike.

—Entonces, en definitiva, al comienzo de esta entrevista usted afirmó que el nazismo no fue derrotado ya que se trata de una ideología que está encumbrada en las mentes oligárquicas que controlan la sociedad. Pero, ¿qué tiene usted que decir sobre la destrucción que sufrió la ciudad de Alemania en la Segunda Guerra mundial? –preguntó Eli Salem.

—La historia dice que Alemania fue vencida militarmente. Es innegable que militarmente hubo mucha perdida dentro del territorio a causa del uso de armas y bombas contra la ciudad. Pero, ¿fueron los civiles y los edificios el objetivo principal? Si los principales jerarcas nazis fueron protegidos por el Vaticano y conducidos con sus riquezas a otras partes y no solo eso, fueron instalados en puestos de mando y de control en los grupos de Inteligencia, incluyendo Estados Unidos. ¿Significa eso que fueron vencidos? Y más, cuando usted ve a los satélites masones siendo colocados en los puestos políticos, económicos, religiosos y toda clase de plataformas en la sociedad, esto lo que demuestra es que en vez de haber perdido la guerra, realmente lo que han hecho es extender sus dominios pero utilizando diferentes fachadas. – explico Deike.

—Usted habla de "fachadas", a qué se refiere con esa palabra. –indagó Eli Salem.

—A lo que me refiero es a la técnica que usan los conspiradores para presentarse con una imagen visible y exterior de filántropos y de bondad, pero siendo todo lo contrario en su interior. —afirmó Deike.

—¿Puede usted brindar algún nombre o ejemplo de alguien que según usted, haya utilizado una fachada de piedad pero siendo todo lo contrario? —cuestionó Daniel.

—Claro, hay muchos casos, como por ejemplo los de Hermann Abs y Carol Wojtyla, ambos trabajaron para la *I.G. Farben's Solvay Drugs.* La I.G. Farben fue la compañía que fabricó el gas Zyklon B que se usó en los campos de concentración y exterminio contra millones de judíos. Luego usted puede ver como Hermann Abs era parte del equipo directivo del Deutsche Bank del 1938-45 y luego lo ve como presidente del mismo luego de la Segunda Guerra. Hermann Abs fue parte de la reconstrucción de la economía alemana y su colega Carol Wojtyla no fue otro que hecho el papa Juan Pablo II. Ambos siendo criminales de guerra por sus vínculos con el exterminio de millones de judíos pero siendo premiados en aspectos religiosos y económicos. Mucho antes de las dos guerras mundiales la empresa de los Rockefeller llamada la *Stándar Oil* poseía un proyecto en común con la empresa química donde trabajó Carol Wojtyla. Dicha empresa, la I. G. Farben estaba ubicada en conjunto a la empresa petrolera de los Rockfeller vinculados al lugar de los campos de concentración de exterminio humano. Cuando vino la guerra, todo alrededor estaba en ruinas excepto esas empresas de los ricos y poderosos. Son muchos los ejemplos de casos donde el poderío político, económico y religioso se confunde con toda una trama oscura que aun hoy nos afecta a todos. Son muchos los que desconocen que el actual papa romano Joseph Ratzinger (Benedicto XVI) posee trasfondo nazi.

—O sea que el papa romano es nazi. —dijo Daniel con ojos de incredulidad.

—Esta verdad no se la dicen a los feligreses. Sin embargo, los lazos del Vaticano con el nazismo son evidentes. Mucha gente ignora que en la ciudad de Támpico en México, la catedral tiene en su pasillo un enlozado que tiene como emblema la esvástica nazi desde la puerta hacia el altar. ¿Cómo pueden imponer ceguera sobre los feligreses como para negar semejante realidad? Nunca faltarán los religiosos quienes traten de endulzar las explicaciones de esas conexiones con los asesinos nazis. Lo mismo sucedió en diferentes plataformas sociales, aquellos que fueron los verdugos de la sociedad fueron premiados posteriormente con puestos de control social, por encima del ciudadano común y como si fuera poco, entregando la seguridad internacional en manos de muchos asesinos. Esto sucedió cuando la CIA y otros grupos de inteligencia absorbieron a muchos de los espías y jerarcas nazis. Como si fuera poco, esta información nos llega tarde, cuando los tentáculos de esta compleja maquinaria tienen controlado todo lo que leemos, escuchamos, o nos informamos. Es aterradora la realidad moderna de ver la sociedad introducida en las redes de estos poderosos cuyos lazos y tentáculos se hacen cada vez más fuertes y a la vez invisibles. No pasará mucho tiempo cuando esta realidad sea visible a todos, pero ya será demasiado tarde. –afirmó Deike.

–¿De qué manera piensa usted que Hermann Abs contribuyó a la integración europea? –preguntó Daniel.

–Hermann Abs fue el responsable de distribuir los fondos para la reconstrucción del Plan Marshall a la industria alemana. No solo eso, sino que fue miembro de la Liga Europea de Cooperación Económica en 1946. Esta liga tenía como propósito la creación de lo que vemos hoy en Europa, un mercado común. –dijo Deike.

–De modo que la Unión Europea y sus estados miembros no se desprenden del fantasma nazi. –comentó Daniel.

—En lo absoluto. La ideología nazi antes de la Segunda Guerra mundial está siendo seguida al pie de la letra por la comunidad europea. Se fueron creando grupos como por ejemplos el Bilderberg el cual surgió en 1954 y que de primera fachada tenía como meta limar asperezas y divisiones entre los americanos y los países europeos, lo que resultó fue en una unidad de propósitos mundiales enfocándose en las mismas metas que los nazis ya habían establecido. En dicho grupo o conferencia, se reúnen los empresarios más poderosos de la tierra en política, reyes, presidentes de naciones, así como académicos, personas relacionadas a las finanzas, los medios de comunicación y de la industria para tomar decisiones mundiales. Decisiones que van acorde con los planes fascistas pero que hoy son disfrazados de paz mundial y de aspectos globales. Entre los miembros del Grupo Bilderberg se encuentran desde políticos como los Rockefeller, hasta individuos como Hugh Marston Hefner fundador de la revista *Playboy* la cual procura dirigir las mentes de los jóvenes hacia una revolución de libertinaje sexual. También es parte de los Rockefeller los altos funcionarios del Pentágono de Estados Unidos, multimillonarios y personas que ellos escogen de renombre mundial. Sea quienes sean los miembros o socios de este grupo, es innegable sus lazos con los nazis. Un ejemplo reciente fue cuando en el 2004 tuvo como presidente al Príncipe Bernardo de los Países Bajos quien en tiempos pasados fue cofundador y antiguo oficial nazi. Parte de la fachada nazi moderna en dichos grupos poderosos conlleva el rechazar públicamente cualquier asociación con los nazis y presentar fachadas públicas de lástima y aprecio por aquellos millones que murieron en el Holocausto. Mientras la fachada social de muchos grupos poderosos lo es la filantropía, la realidad es que los vínculos de los ricos con los asesinos son muy estrechos.

—¿Considera usted que la Unión Europea es un sueño nazi hecho realidad? —preguntó Daniel.

—No solo eso, sino una obra nazi desde la raíz. Desde los comienzos nos han mentido. Nos dijeron que la unificación europea fue una idea posterior a la Segunda Guerra mundial y que es el producto de un plan contra el imperialismo que existía en Europa, pero no es así. Los nazis y el fascismo utilizaron como excusa de guerra al imperialismo y ahora nos conducen al imperio de la alianza del nuevo orden, una dictadura mundial. La dictadura que surgirá del desarrollo de la Unión Europea responde al plan de integración política y económica cuyo cerebro fueron los nazis. El hecho de que no utilicen la violencia abiertamente como se caracteriza a los fascistas, no significa que no la tengan en mente para el futuro. – dijo Deike.

*"Siempre se repite la misma historia: cada individuo no piensa más que en sí mismo".*

–Sófocles

# 13

# Entrevista a Alexander Deike
# Parte VI
# Ambición y codicia

—Resulta increíble e inaceptable que los hombres por el mero hecho de tener el control, el poder y las riquezas, sean capaces de cometer genocidios y atrocidades sociales que afecten a millares, para que unos pequeños grupos sean beneficiados económicamente. —reflexionó Eli Salem recordando al holocausto.

—Desde tiempos antiguos son muchos los ejemplos de personas que procuraron enriquecerse a costa del trabajo de los más débiles, sin embargo, la codicia y la avaricia por el dinero y por el poder parecieran haber aumentado en los últimos diez siglos. —comentó Deike.

—Háblenos un poco de eso, de cómo estos grupos y oligarquías se han enriquecido. —le pidió Daniel.

—El deseo de enriquecimiento en manos de unos pocos o el poder económico y comercial se fue haciendo evidente en manos privadas ya en el siglo sexto de parte de los sirios incursionados en Europa. Sin embargo no fueron los únicos, ya que en el siglo IX hicieron presencia los mercaderes y comerciantes judíos. Frente a las alzadas y caídas económicas, los judíos tuvieron que hacerle frente a la oposición al rey Felipe el Hermoso en el siglo XIV. Sin embargo, esto no los detuvo sino que se mantuvieron siempre demostrando su gran prosperidad económica frente a sus competidores. Las condiciones políticas francesas afectaban no solo a los judíos sino también a sus competidores quienes eran los de la Orden del Temple y los mercaderes lombardos. Hay que prestarle atención a cual de estos grupos de mercaderes y adinerados llevaría la vanguardia, ya que serían los que estarían a la cabeza de la sociedad y de esta manera alcanzarían la mayor influencia en las plataformas sociales. Mucho se habla en este tiempo sobre la alegada conspiración judeo-masónica, pero a lo que se refiere es a los primeros poderosos de toda la tierra pretendiendo imponer un control social total por medio de las riquezas obtenidas. Las riquezas les han servido a los poderosos para extender su influencia y dirigir al mundo. En este último tiempo, esa "dirección social" se ha ido orientando hacia un control sobre todas las cosas y sobre todos nosotros. A base de esas ideas es que podemos partir y señalar responsables por lo que ocurre en el planeta en diferentes renglones del poder. –explicó Deike.

–Sobre el capitalismo, ¿Cómo va tomando forma esta maquinaria que usted describe y que va desembocando en los Estados Unidos de América y en los Estados Unidos de Europa, así como en Gran Bretaña y demás naciones poderosas. –preguntó Eli Salem.

–El capitalismo renacentista y moderno fue el resultado de la configuración de los elementos bases que surgieron de los dominios de las riquezas provenientes de los lombardos y sus ramas florentinas, genoveses y venecianas, sin ignorar las fuerzas de sus competidores judíos y los Templarios. Los lombardos se convirtieron en los prestamistas usureros de Europa. Aquel que presta el dinero es quien realmente tiene el poder sobre los deudores. Cabe destacar entre el poder de los magnates florentinos a la familia Médicis, estos estaban íntimamente ligados a los del Estado Vaticano. Entonces, ¿qué tenemos aquí? Tenemos no solo el poder económico sino también el poder religioso expuesto e identificado. Específicamente el poder católico al descubierto. –dijo Deike.

—¿De qué manera los Médicis estaban ligados al poder religioso como el Vaticano? —preguntó Daniel.

—Juan de Médicis fue el banquero oficial de los papas Juan XXII y Martín V. El hijo de Juan de Médicis llamado Cosme fue quien dirigió la administración y coordinación todos los fondos que se usaron para financiar el Concilio de Basilea en 1431. Aun con las aparentes vicisitudes en Europa de Lorenzo el Magnífico, biznieto de Juan de Médicis, ellos demostraron su influencia al poder al sentar en el trono religioso del Vaticano a Clemente VII y a León X. Además de su influencia en Francia al sentar como reinas a Catalina y a María. —comentó Deike.

—De modo que el poderío económico se da por medio del estrechar lazos con políticos, religiosos, y mercaderes. —comentó Daniel.

—Por el interés económico Florencia mantenía una amistad con el Imperio otomano, sólo por lucro y beneficio. Las virtudes burguesas son aquellas por las cuales las potencias se pueden lucrar y enriquecer de todos, aunque sean diferentes. Es lo que hacían en el pasado y es lo que hacen hoy. Los distingue el utilitarismo y el control por medio de la economía y de las cosas que componen la sociedad. —dijo Deike.

—Entonces, ¿piensa usted que los ricos prefieren a otros ricos antes que a los pobres? –preguntó Eli Salem.

—Por supuesto, sin embargo, ante la sociedad presentarán una fachada de filantropía. Tal y como lo hizo en el pasado el florentino León Battista Alberti quien recomendaba hacer preferencia en los ricos versus los pobres, pero utilizar una fachada social de piedad. La prosperidad de los ricos se debe en gran manera a sus alianzas con otros ricos en empresas y propósitos. –contestó Alexander Deike.

—¿Cuál piensa usted son los rasgos del capitalismo moderno? –preguntó Daniel.

—Al capitalismo lo distingue el utilitarismo, la ostentosidad, su aspecto negociador, un apego desmedido hacia las riquezas y hacia los bienes materiales. Siempre buscando sacar ventaja económica en todos los asuntos. Una actitud de ir por encima de las leyes si fuera necesario para obtener riquezas. Un positivismo o visión que se enfoca siempre en aquello que no se tiene y presenta siempre un descontento con lo que se tiene. Son las mismas características que se exhibían ya en el siglo XIV y que comenzaron a sentar las bases para la mentalidad mercantilista de hoy. El amor al dinero y a las riquezas fue llenando las mentes del clero católico romano y se hace evidente la corrupción en diferentes lugares como Alemania, Francia e Italia, entre muchos otros pueblos. –dijo Deike.

–¿Cuál ha sido la herramienta de enriquecimiento de los grupos poderosos? –preguntó Eli Salem.

–El capitalismo financiero se comienza a dar usando el recurso de los préstamos de dinero y la usura. La sociedad fue pasando de capitalismo mercantil a un tipo de capitalismo financiero que utilizaba la herramienta de las ganancias por medio de las acciones y de jugar con el valor de los objetos inclinando la balanza hacia las manos de los poderosos y de aquellos que invierten en los productos. De esta manera los ricos invertirían en toda clase de cosas y se harían los dueños legítimos de las industrias, bancos, corporaciones, empresas y demás. Esto provocaría que el sistema monetario fuera pasando a manos de unos pocos quienes serían los poseedores de las grandes financieras. –dijo Deike.

–¿Qué de los códigos religiosos existentes en la Europa renacentista que eran incompatibles con el capitalismo? –preguntó Daniel.

–Simplemente los códigos eran violados por la codicia. Aún los grupos que se presentaban como religiosos entre los judíos, también jugaban sucio a la hora de hacer negocios con los no judíos. Si en el pasado las ganancias desiguales pasaban desapercibidas, ¿cuánto más hoy se hace invisible en el llamado "libre mercado" el tráfico financiero del movimiento del capital? Hoy es el momento cuando la Alta Finanza mundial controla toda la economía en todos los niveles y por medio de las nuevas políticas adoptadas por la alianza internacional. Sin embargo frente a la sociedad se crearía en falso espejismo del "libre mercado", el cual serviría como herramienta para el entontecimiento de las mentes y el adelanto de una dictadura que va arropando el mundo de manera violenta y salvaje pero a su vez utilizando el disfraz y la fachada de "libertad", "justicia" e "igualdad". Sin darse cuenta, la sociedad sería conducida a la esclavitud y los señores reinantes serían invisibles ante los ojos de muchos. –explicó Deike.

–De modo que el capitalismo moderno es el eco de aquellas prácticas de usura y especulación económica que comenzaron en el siglo XIV. –comentó Daniel.

–Su comienzo se hace evidente con los mercaderes y banqueros de Florencia y también las ideas controladoras de toda la economía se deben a ideas de los mercaderes de Venecia quienes creían que la clave del éxito se daba cuando los grandes capitales absorbían a los pequeños. Eso es lo que estamos viendo en la sociedad moderna. Esa ambición provocó que entre los siglos XI al XIII durante el imperio Bizantino los venecianos ampliaran sus dominios y sus flotas llegaron a adueñarse del comercio marítimo mediterráneo. Se trataba de una actividad económica militante. Una expansión económica que era custodiada por los verdugos armados. Hoy quizás no se puedan ver a los bandoleros armados, pero no deja de ser una actividad económica violenta que nos afecta a todos. En el pasado existían ladrones y salteadores que llevaban a cabo la actividad comercial. El asalto y el pillaje caracterizaban a gran parte de la nobleza europea. Hoy, el enriquecimiento desigual no deja de ser diferente. Antes se podía ver a los mercaderes de Venecia haciendo del pillaje un sistema y organización a manera de empresa. Era difícil escaparse de aquella maquinaria bélica lucrativa y complejamente estructurada. Hoy, tenemos frente a nosotros una maquinaria o un monstruo económico cuyos tentáculos son más horrendos y son por los cuales se nutren aquellos que desde siglos establecieron ventaja sobre los diferentes mercados. En el pasado fueron los italianos, franceses, ingleses, holandeses sin excluir a los estados vaticanos los que sacaban la ventaja económica del mundo. Preguntémonos hoy si la situación ha cambiado o es diferente. –dijo Deike.

—De modo que usted propone que los ricos del mundo hoy son aquellos descendientes de esas mismas familias que en los últimos tres siglos se encumbraron en la sociedad de naciones claves de Europa y que hoy siguen en la vanguardia de las riquezas y por ende del control del mundo. –resumió Daniel.

—Claro, no se trata de personas que se han hecho ricos de manera inmediata. Se trata de linajes familiares que desde un principio se fueron organizando y estableciendo monopolios comerciales. Sus actividades comerciales eran tanto legales como ilegales. Las actividades ilegales como la piratería eran equipadas y financiadas para ser llevadas a cabo en tiempos pasados por los acaudalados hombres de negocio, de la misma manera la propia Corona obraba de igual forma. A aquellos piratas que generaban grandes ganancias a los gobiernos los premiaban elevándolos a títulos de nobles y de señores. Esto significa que ya desde siglos tenían el precedente, por lo cual hoy, es de esperarse que lleven a cabo el juego político de igual forma pero encubiertamente. El juego político económico fue envolviendo al poder religioso y conduciéndolo hacia el nuevo modelo de poder totalitario del cual somos esclavos hoy en la sociedad. Sin embargo, esta realidad es ignorada por mucha gente. –dijo Deike.

—¿Cómo describiría usted las técnicas de enriquecimiento modernas? —preguntó Daniel.

—Ya lo hemos dicho, los grandes monopolios sobre recursos básicos y esenciales. Inflación de los precios en esos recursos. Las bolsas de las principales ciudades girarían en torno a productos con valores abstractos y manipulables. A veces, productos invisibles donde de igual forma lo son los compradores, vendedores o el agente bursátil. Cotizaciones irreales de diversos productos que provocan la inversión y el interés de diferentes sectores. La balanza siempre inclinada a favor de la Alta finanza controladora de todo. Esto envuelve la opresión financiera contra los pobres. —dijo Deike.

—¿Quiénes son los beneficiados del juego del Mercado de Acciones o Bolsa de Valores? —indagó Daniel.

—Son las familias adineradas que desde un comienzo fueron los controladores del mercado y ellos a su vez componen y controlan el poder religioso, político y económico del mundo. —dijo Deike.

—Entonces, ¿Cuándo usted habla sobre el poder religioso, está diciendo que el Vaticano es algo más que una ciudad religiosa? —dedujo Eli Salem.

—El Vaticano es la ciudad asentada sobre siete montes desde donde se llevan a cabo diferentes operaciones que sirven de mano derecha a aquellos que procuran el control total de la sociedad. Se compone de religiosos, políticos, banqueros, adinerados, sociedades secretas, empresarios, financieros, y demás personas de poder que procuran conducir al mundo hacia los intereses de los dueños de la economía. –afirmó Deike.

–Entonces, implícitamente estas haciendo responsable a algunas élites adineradas de la tierra de un control desmedido y de una competencia no justa respecto a el resto de los hombres, que van de acuerdo a las ansias de poder y de control. ¿Cierto? –inquirió Eli Salem.

–Exacto. No existe la realidad de la libre competencia en un mundo completamente controlado de antemano. –dijo Deike.

–De acuerdo a la información que usted brinda, entonces los ricos han estado usando la religión como un medio de control. –comentó Daniel.

–El ideal de los ricos y sus acciones sociales inescrupulosas no estaría completo si no infectaran las ideologías religiosas diversas con su misma avaricia y codicia. Las aspiraciones hacia las riquezas no eran exclusivas de dinastías financieras como los Warburg, Rothschild, los Mendelsohn o los Speyer, sino que vendría a minar las mentes de muchos reformistas de la iglesia quienes irían en pos de las mismas aspiraciones y mentalidad que ya poseía el clero romano en sus vínculos con el régimen aristócrata y señorial. La codicia vino a minar las mentes de muchos católicos y también de muchos protestantes. Tal como existe hoy, en ambos bandos religiosos están aquellos monigotes quienes conducen a los feligreses como ovejas inocentes hacia las manos controladoras de los lobos de los grandes financieros y poderosos del mundo quienes venden sueños y se enriquecen por medio de ellos. Por otro lado, la Iglesia Católica no sólo ha caído por siglos en las manos de la codicia y de clérigos que se venden a los grandes intereses sino que laboran mano a mano con la alta finanza del mundo para conducir a toda la humanidad hacia una dictadura bestial y aterradora. – dijo Deike.

—¿Aterradora? ¿Por qué la describes de esta manera? –preguntó Daniel.

—¿Cómo le puedes llamar a las acciones de aquellos que se visten con sotanas de piedad delante de los hombres pero en realidad fueron y son los verdugos? Sin saberlo, el mundo completo va de la mano de los religiosos y políticos hacia la peor de todas las catástrofes sociales. –comentó Deike.

—De modo que el presente nuestro no es más que los ecos del pasado según su visión. —comentó Daniel.

—La realidad es que el presente no es más que un reflejo de las acciones inescrupulosas de aquellos poderosos que han conducido al mundo hacia la realidad política que vemos hoy. Es decir, no se puede separar una cosa de la otra, sino que una es el producto de la otra. Los primeros pasos dados en Escocia y Francia entre otros estados poderosos fueron uniendo eslabones hasta proponer las soluciones que vemos hoy. Ya en el siglo XVII se comienza a ver en Escocia como el gobierno y el banco creaban una compañía que fue dirigida a manos privadas, la llamada *The Governor and Company of the Bank of England,* y luego se convierte en un monopolio para luego darle paso a la concesión exclusiva de permitirle emitir moneda. Aunque fue un proceso de tres siglos desde 1694 hasta 1928, lo cierto es que se pueden ver los reflejos palpables. Pero Inglaterra no fue la única, tenemos también la realidad política y económica de Francia. En Francia durante el *Antiguo Régimen* se podía notar el marcado contraste entre la hambrienta población versus los acaudalados clérigos y aristócratas. Esta desigualdad provocaría los elementos históricos necesarios para conducir a la sociedad a abrazar los cambios en búsqueda de un balance social, sin embargo, ese balance social seria entre ricos para los ricos ya que el sartén seguía en las manos de los poderosos y ricos quienes serían los artífices de los nuevos cambios sociales. Como fruto de la *Revolución Francesa* nació la Declaración de los Derechos del Hombre y se inició el sistema parlamentario. El hecho de que hayan tenido lugar cambios notables no significa que los ricos entregaron su poder al pueblo, en cambio, fueron ellos quienes decidieron la Revolución. Las concesiones al pueblo producto de esta revolución así como las otras provienen del deseo de utilizar a las masas para ejercer una presión sobre los bandos de ricos. En otras palabras, los ricos solo concedieron ciertos privilegios a los pobres ya que por medio de ellos lograban sus objetivos de mantener sus riquezas frente a otros ricos. Era el momento cuando las crisis sociales eran acentuadas y ocurría una agitación social cuyo propósito era ejercer presión para lograr resultados. Aunque multitud de fanáticos piensen que los cambios se deban a otros hechos individuales. Mientras el mundo recibía los golpes de la Revolución Francesa, los ricos por su parte eran inmunes. Ellos supieron seguir sacando ventaja de ese cuadro político para ir moldeando a la sociedad hacia sus intereses. Las relaciones de banqueros con la aristocracia se mantenían y se consolidaba hasta el punto que estaban autorizados a emitir monedas. A tan solo dos meses de Napoleón haber sido proclamado Primer Cónsul surge el Banco de Francia. Dicho banco estaría en manos privadas y hacia él se dirigiría los fondos de la Hacienda Pública. Esto demuestra que el cambio social seguía en manos de la Alta Finanza del mundo controladora y directora de las revoluciones sacando partida y ventaja de todo. Algunos de los beneficiados fueron el *Sindicato Financiero Internacional* donde los Baring, Bethmann, Hope, Boyd, Parish y Rothschild tenían ganancias. Sucedería que inmediatamente después del desmantelamiento del régimen napoleónico comenzaría a perfilarse el papel protagónico de la hegemonía de la casa Rothschild, la cual eventualmente se situaría en una posición de privilegio en el ámbito financiero de Europa. La presencia de los Rothschild estaría de manera omnipresente en cada asunto que generara ganancia y riquezas tanto lícitas como ilícitas. La cede de la saga Rothschild estaría repartida en lugares como: Francia, Londres, Frankfurt, Nápoles y Viena donde interactuarían con los políticos y religiosos, oligarquías económicas, y donde se lucrarían de diferentes empresas poderosas como por ejemplo la compañía ferroviaria y la explotación de minas. –dijo Deike.

—¿Qué de las otras revoluciones en otros países? —preguntó Daniel.

—Las otras revoluciones, es decir la americana y la inglesa respondieron a los mismos intereses de sus clases aristócratas y terratenientes con la clase burguesa. Se trataron de pactos entre ricos con una leve fachada de concesiones hacia el resto de la población considerada inferior. Los ideólogos del nuevo régimen y de la Revolución estarían todos controlados por la mano de la masonería, aquella que también regía y unía fuerzas y aún lo hace con el poder religioso, político, económico y social. No he visto que a ningún estudiante universitario de hoy en día al cual de antemano se le advierta que muchas de sus lecturas de humanidades son de autores masones como: Rousseau, Voltaire, Montesquieu, D'Alembert, y muchos otros. Las llamadas "declaraciones de derechos" vendrían siendo un instrumento hueco y formal, especialmente si las riquezas de los poderosos se veían afectadas de alguna manera. Quizás pueden ser muchos los que piensan que la esclavitud fue abolida, pero ante todos, todavía existen los amos del mundo quienes oprimen al pobre en diferentes formas y pasan desapercibidos. —dijo Deike.

—Eso significa que ya el poder religioso, el político y el poder económico venían de la mano de las sociedades secretas vinculadas al Vaticano a través de los siglos. –comentó Eli Salem.

–Sí, pero es en los últimos diez siglos que el poderío económico se va concentrando hacia una misma dirección. Es aquí donde tenemos que tener cuidado ya que de lo que estamos hablando es de la dictadura más poderosa de todos los tiempos. –dijo Deike.

–¿Cuán poderosa? ¿Más poderosa que el imperio romano? –preguntó Eli Salem.

–Imagina una maquinaria política más poderosa que Asiria, Egipto, Babilonia, Medo-persas, Grecia y Roma juntos. Eso es lo que se está desarrollando por medio de la Unión Europea. Estamos hablando del poder de las riquezas bancarias del mundo completo, su poder político y poder religioso. –dijo Deike.

–Se me hace difícil entender como los Estados Unidos de Europa puedan enfrentarse al poderío de los Estados Unidos o Inglaterra. –comentó Daniel.

–Los Estados Unidos de Europa vienen a extenderse a hacer alianzas de poder con las demás naciones de la tierra. Hasta el momento los gobiernos bajo el poder masónico han colaborado con ese nuevo orden mundial. Estados Unidos, siendo la primera republica masónica del mundo es parte de la fuerza de choque que trabaja para los mismos fines que los Estados Unidos de Europa, aunque parezca contradictorio. Para aquellos que tiene el poder no existen banderas sino un mismo propósito. El dinero reina sobre Estados Unidos y sobre todos aquellos reinos de la tierra que tarde o temprano se harán parte de esta nueva bestia política. —dijo Deike.

"Un gobierno que es lo suficientemente grande para darte todo lo que quieres, lo es también para quitarte todo lo que tienes".

—anónimo

# 14

# Entrevista a Alexander Deike
# Parte VII
# El sello nazi

–Sr. Deike, ya usted ha manifestado que alegadamente los nazis tienen sus vínculos con la Comunidad Europea. Ahora bien, ¿puede brindar más detalles al respecto? –preguntó Eli Salem.

–Claro, miren, lo que los nazis vinculados a la masonería están haciendo en Europa es muy similar a lo que hicieron en Alemania. –dijo Deike.

–¿A qué se refiere? –indagó Eli Salem.

–Es el mismo modelo de unificación. Verán, en el siglo XIX Alemania se encontraba dividida, debería esperar hasta el 1871 para convertirse en un moderno estado-nación en la Guerra franco-prusiana donde van evolucionando como imperio frente a los demás estados de Europa. A comienzos del siglo XIX todavía estaban bajo el feudalismo, y luego de la segunda mitad de ese mismo siglo se ven en las manos del monopolio de los capitalistas. Frente a esa realidad tenían que escoger entre la construcción de un estado federal cuyas características podían ser una pequeña o una gran Alemania. Entre el vaivén del imperialismo alemán, sus forjadores creyeron que su modelo federal era el adecuado para aquellas naciones a su alrededor. Sus intenciones federales nacionales pasaron a ser intenciones internacionales. El deseo de unificar a los alemanes encontrados en otras regiones da lugar al pangermanismo. Por medio de presiones sociales diversas como la crisis económica, el desempleo, el hambre, el descontento social y el estancamiento político, conducen a las masas a optar por líderes fuertes que brindaran promesas de seguridad y de bienestar. Es por esto que cae la República de Weimar y tiene lugar el totalitarismo nazi. El deseo de los alemanes era controlar el mundo y hacia eso se dirigían luchando contra todo obstáculo y oposición. De pronto los alemanes ven un escenario de conquistas, promesas de progreso, sentido de superioridad otorgado a todo aquel que se le uniera en su causa política. Hablaban de integración europea y prometían mantener intacta la soberanía de los estados miembros. El vocabulario que usaban era el de integración en vez de un imperialismo. Los alemanes endulzaban sus palabras más que la miel creando un cuadro y una ilusión de una Europa libre, sin amos, sin esclavitud, y donde todos serían socios y amigos unos de otros. Su meta era el convencer a los estados aledaños a que se unieran ya que presentaban a Alemania como el significado de progreso económico, adelantos tecnológicos en cuanto a transporte, y demás avances de la economía. Esa invitación a la integración al modelo alemán era la estrategia idealizada de un nuevo orden europeo que pretendía arroparlo todo. Ese deseo de crear una futura Confederación Europea los hacía prometerles a los que se les unieran que no había una intención de entrometerse en los asuntos internos de sus miembros sino de ser añadidos como miembros leales en pro de Europa actuando como una única comunidad de colaboración cuyo propósito sería la cooperación mutua, la paz, la seguridad y el bienestar de todas las naciones y sus habitantes. Esas eran las palabras dulces de un Hitler que contrastaban con la espada que reinaba en su interior. Proclamaban que en su unión no habría un estado dominando o imponiéndose sobre otro, sino que se trataría de una relación armoniosa de alianzas humanas leales unas de otras y rechazaban que se tratase de un sistema imperialista como el anterior. Por un lado afirmaban que Europa no se podía administrar por medio de un poder centralizado y adornaban el escenario político afirmando amistad y alianzas. Hablaban de una unidad entre naciones donde no fueran necesarias las guerras por medio de la igualdad mutua. Unidos, independientes, y leales frente a cualquier amenaza. Era el vocabulario necesario para imponer un nuevo imperialismo que con sutilezas vencía las mentes con promesas de paz, hermandad, prosperidad y ayuda mutua. Hablaban de libertad e independencia para sus miembros para afrontar sus diferentes situaciones y misiones nacionales. Afirmaban que en la unión estaban la fuerza, la unión europea por medio de estados soberanos. Ese fue el cuadro presentado como la confederación deseada. Los propios nazis vendían la idea que hablaba de constitución y derechos de los estados soberanos siempre y cuando tuvieran presentes sus obligaciones para con la unión. Justificaban la guerra con el pretexto de defender la unidad, la paz y la libertad. La ideología hitleriana que adornó el mensaje de unidad que utilizaban como carnada para las naciones aledañas era la búsqueda de la paz, equilibrio, cooperación libre y pacífica entre los países miembros. Afirmaban que el único requisito era la lealtad a la unión. De la misma manera rechazaban que se tratase de una pretensión de establecer una burocracia supranacional y mucho menos de un sistema de conferencias intergubernamentales. –dijo Deike.

—Entonces el europeismo según usted lo presenta es de origen nazi. —dedujo Daniel.

—Absolutamente, ellos fueron los primeros en elaborar los planes políticos y económicos para integrar y fusionar a toda Europa. Estos procesos deberían darse por medio de sutilezas y fachadas democráticas hasta absorber a todas las naciones, luego los tentáculos de esa bestia política se harían tan fuertes que someterían a los pueblos de diferentes maneras. Si usted toma diferentes fragmentos de los discursos dados por los jerarcas nazis y los presenta de forma anónima, podría llegar a la conclusión de que se trata de un discurso moderno de la Cámara Europea del presente, pero no, son los mismos discursos que elaboraron los del III reich. —dijo Deike.

—Usted ha vinculado al Vaticano con los nazis en el asunto de la protección de estos al final del III reich, y su escape a Suramérica y diferentes naciones. ¿Cuál cree usted son los vínculos del Vaticano hoy en día con la Comunidad Europea? —preguntó Eli Salem.

—Muchos de los que iban a ser líderes nazis ya se reunían en Roma, mucho antes de llegar al poder. Era Roma el lugar donde se llevaban a cabo los congresos para definir el destino europeo. —dijo Deike.

—¿Puede usted brindar algún ejemplo de alguno de ellos? —indagó Eli Salem.

—Bueno, ya anteriormente le comenté como el obispo Alois Hudal era parte del cerebro católico vinculado con Hitler. Otros dirigentes nazis como Alfred Rosenberg, antes de llegar al poder se reunieron en Roma para un congreso. Esto tuvo lugar en 1932. El enfoque nazi siempre fue la totalidad de Europa. Posteriormente los nazis poseían como tema de sus discursos en sus congresos la lucha por el destino de Europa en el Este cuyo enfoque era Rusia. En 1940 Joseph Goebbels hablaba de la unidad europea y de los precedentes que ellos estaban sembrando para lograrla. Cada uno de los jerarcas nazis alegaba no tener interés en atentar contra las peculiaridades económicas, culturales o sociales de sus estados miembros. Tanto Hitler en Alemania así como Mussolini en Italia, hablaban de una cooperación mutua, sin embargo a los mismos que les hablaban de cooperación e igualdad los invadían militarmente como fue el caso de: Croacia, Finlandia, Eslovaquia, Hungría, Bulgaria y Rumanía. Los propios dictadores negaban el hecho de querer imponer sus ideales nacionales sobre los otros estados, pero nada decían de los ideales papales y como esa clase de fascismo iba por encima de todas las naciones. Mucha gente ignora que el ministro belga Herman Van Rompuy que fue elegido como primer presidente de la Comunidad Europea el 1 de Enero del 2010 acostumbra a retirarse a un monasterio católico cada cierto tiempo para según él reflexionar y cultivar su fe. Es decir, la presidencia de la Unión Europea está en manos de una persona con vínculos muy fuertes al Vaticano. Los jerarcas nazis siempre se presentarán mostrando interés hacia los individuos, es decir, las diferentes naciones que desean absorber. Parte de la fachada de la propaganda nazi consistía en pregonar ante los países que deseaban absorber que su motivo eran los intereses en común versus la rivalidad y la competencia capitalista. Los jerarcas, líderes y empresarios nazis hablaban de globalización. Se presentaron con emblemas de equilibrio e igualdad entre los pueblos. —dijo Deike.

—Entonces, usted está convencido que la Unión Europea fue un plan siniestro nazi que se está llevando a cabo frente a todos y el mundo está entretenido en miles de cosas sin brindarle la importancia que esto tiene o las implicaciones que tendrá para el futuro. —resumió Daniel.

—No fue casualidad que en 1941 personas como Goebbels tuvieran como tema de sus discursos y escritos sobre: Un nuevo orden, construir una nueva Europa, o hacían un llamado al *Lebensraun*. De la misma manera, comités fueron creados dentro del Ministerio del Exterior y el Instituto de Asuntos Exteriores para perseguir ese europeismo. Ya en 1943 existían planes detallados de lo que sería la confederación europea. Fíjese bien que para el momento que esto se da, es casi llegando al final de la Segunda Guerra mundial. –dijo Deike.

–¿Está usted insinuando que los nazis estaban de antemano seguros que sus planes continuarían aunque perdieran aquella guerra? –preguntó Eli Salem.

–Ellos aparentemente perdieron una batalla pero no perdieron la guerra. Eso lo pueden corroborar con todos los acontecimientos sociales posteriores. –dijo Deike.

–Entonces aquella derrota militar en Stalingrado no fue el final de los nazis. –comentó Daniel.

–De ninguna manera. Antes de la supuesta derrota, líderes nazis como Ribbentrop propusieron el plan donde invitaban a los jefes de diversos estados para formar la Confederación. Es decir, se invitó a Croacia, Serbia, Grecia, Finlandia, Eslovaquia, Hungría, Rumania, Bulgaria, España, Alemania, Italia, Francia, Dinamarca y Noruega para formar el destino común. Esto fue antes de finalizar la Segunda Guerra mundial, pero ¿qué tenemos hoy en el cuadro europeo? Hoy tenemos que desde el año 1958 en adelante se han ido uniendo las siguientes naciones: Bélgica, Francia, Italia, Luxemburgo, Países Bajos, Replica Federal de Alemania, Dinamarca, Irlanda, Reino Unido, Grecia, España, Portugal, Austria, Finlandia, Suecia, Chipre, Eslovaquia, Eslovenia, Estonia, Hungría, Letonia, Lituania, Malta, Polonia y la Republica Checa. Esto sin contar las que se seguirán añadiendo. –dijo Deike.

–Entonces el plan nazi se sigue al pie de la letra. –comentó Daniel.

–Todas esas ideas de eliminar las barreras en las aduanas a esos países miembros ya estaban detallados de antemano, así como la unidad monetaria. Aunque la propaganda desde un principio fue no inmiscuirse en los asuntos internos de los miembros, la realidad es que llevarían a cabo conferencias para moldear y modelar cosas como el trabajo, agricultura y diversos aspectos sociales que mas bien apuntaba a una centralización. –dijo Deike.

–¿Consideras que dicho sistema de unión es una burda mentira social? –preguntó Eli Salem.

–Eso está claro. Todo se trata de una fachada de Confederación, pero en realidad el plan siempre ha sido y será imponer a un dictador sobre todos ellos. Un dictador que responda al poder religioso, político, y económico de la Alta Finanza. En el presente, ya colocaron a un hombre como Herman Van Rompuy, de vida monástica a la cabeza de la Unión Europea, eso significa que el Vaticano velará por sus intereses sobre todos los estados miembros. Las cosas no han cambiado ayer ni hoy. —dijo Deike.

—¿Cómo usted visualiza lo que está sucediendo dentro de la Comunidad Europea? —preguntó Eli Salem.

—Se vislumbra como un plan llevado a cabo con el fin de integrar la economía, la política, la religión y la milicia en una alianza que permita la libre cooperación entre los miembros pero que a su vez va imponiendo poco a poco y sutilmente la mano negra de las intenciones dictatoriales de la alta élite que la controla. De primera instancia parece tener derechos y concesiones pero a cambio demandará el todo del todo de los individuos que lo componen. Nada de lo que parecen brindar es completamente gratis. Tienen planeado toda clase de programas de control sobre la vida del individuo en todas sus facetas: leyes, comunicación, religión, la educación, el gobierno, los medios de comunicación, transporte, alimentación, y pretenderá resumir a cada individuo a un simple esclavo marcado por el estado con una tecnología moderna o sello por el cual estará vigilado veinticuatro horas al día. Al parecer se presentará como la alternativa al progreso pero realmente demandará la entrega del alma de la misma manera que muchos le venden el alma a los ídolos paganos a cambio de prosperidad. –dijo Deike.

–De acuerdo a la información que usted provee, el nuevo orden mundial en realidad no es nuevo, sino que se trata de un viejo plan donde ya de antemano los nazis habían detallado lo que sería la confederación que ellos deseaban. –dijo Daniel.

–Eso, pero sin dejar a un lado los tratados recientes los cuales son reciclados del anterior momento histórico. Como por ejemplo, el Tratado Europeo contra el terrorismo de 1977. Realmente de lo que se trata es del acuerdo contra los comunistas que se llevó a cabo por Hitler y Mussolini, el llamado Pacto Antikomintern. Viejos pactos y acuerdos revividos y puestos en marcha. –dijo Deike.

–Usted afirma que ellos siguen un viejo libreto que a través de tratados y pactos siguen al pie de la letra las intenciones de aquellos verdugos que asesinaron a más de seis millones de personas desde 1933 hasta 1945. Una época muy reciente y que puede repetirse. Esto sin duda es algo que a mí en lo personal me alarma en gran manera. –dijo Daniel.

–La alternativa que tenemos a nuestro alcance es informarnos de todo este acontecer moderno e ir en pos de un camino diferente que no se encuentra en las metas materiales y pasajeras que las naciones buscan. Creo que el destino de paz que busca el hombre solo se encuentra volviendo en amistad con Dios. –dijo Deike.

"*Las cosas que acabarán con la raza humana son: la política sin principios, el progreso sin compasión, la riqueza sin esfuerzo, la erudición sin silencio, la religión sin riesgo y el culto sin conciencia*".

—Anónimo

# 15

# Entrevista a Alexander Deike
# Parte VIII
# Adiós a la libertad

—Luego de haber atendido sus declaraciones podemos concluir que usted predice el levantamiento de un nuevo totalitarismo en Europa que se extenderá por todas las naciones que sean agregadas a la Unión Europea. ¿Es esto correcto? —preguntó Eli Salem.

—Bueno, no se trata de una predicción basada en mitos, teorías, imaginaciones, o inventos de la mente humana. Según la evidencia histórica y las pruebas visibles y tangibles de la realidad moderna, vamos rumbo a un nuevo totalitarismo. Como podrán ver, los hombres siempre han deseado controlar todas las expresiones de la vida, desde el nacimiento hasta la muerte. Estos anhelos humanos se han extendido a los aspectos políticos de control social. Sin que muchos puedan siquiera pensarlo o analizarlo, hace bastante tiempo que los gobiernos se han enfocado en nuevas investigaciones y descubrimientos que pretenden controlarlo todo, incluso la mente humana. Existe un imperialismo que va mucho más allá de extender el territorio y dominar militar y políticamente. Se trata de los esfuerzos de aquellos que están por encima de todos los gobiernos y pretenden someter a todo individuo. –dijo Deike.

–¿De qué manera piensa usted que nos controlan? –preguntó Daniel.

–Los grupos poderosos que controlan la política internacional tienden a utilizar el método hegeliano, es decir, elementos sociales que funcionen como tesis, versus otros elementos sociales que funcionen como antitesis, servirán para producir una síntesis que se convierte en los resultados esperados. A veces, grupos contrarios o antagónicos, así como partidos diversos conducen a resultados que se pueden considerar la voluntad de los que rigen sobre las ideologías, pero sin abanderarse en ellas. –dijo Deike.

–¿A qué se refiere específicamente? –preguntó Daniel.

–En lo que se refiere a la sociedad, los enfrentamientos y la guerra de dos polos opuestos producen los pretextos necesarios para imponer métodos de control sobre cada individuo, justamente lo que ellos desean. Como lo es el caso de la división del mundo en dos bloques antagónicos que tuvo lugar inmediatamente tuvo fin la Segunda Guerra mundial. Fue el momento cuando el mundo se dividió entre las esferas de influencia de las nuevas superpotencias, las cuales fueron Estados Unidos y la Unión Soviética. Por medio de estas divisiones se ha dado paso a toda una serie de acciones sociales como los son la creación de organismos internacionales como la O.N.U. cuyo pretexto de creación lo fue la "paz mundial" siempre y cuando se obedezcan los designios de las grandes potencias. Estas divisiones sociales dieron paso a una serie de congresos, conferencias y brindaron la oportunidad para excusar públicamente para la creación de un Nuevo Orden Internacional. Es decir, los propios verdugos del mundo, no solo estaban relacionados al estancamiento social, sino que ellos mismos proveerían el camino controlado hacia sus planes de "progreso y seguridad". Por otro lado, el deseo del control sobre toda fuente de petróleo y de energía provocó que los Rockefeller organizaran la Comisión Trilateral para armonizar el poderío petrolífero de EE.UU., Europa occidental y el Japón frente a los países del Tercer mundo. A veces, ese "ponerse de acuerdo" resulta en una invasión armada y en conspiraciones que hacen ceder los territorios por la fuerza. Cuando en 1970 crecía la nueva potencia económica del Japón, los Rockefeller se vieron en la necesidad de crear un foro que tuviera un grado de control mucho mayor que el que poseían por medio del Concilio de Relaciones Exteriores. Así surge la Comisión Trilateral con un rol similar al grupo Bilderberg, pero esta vez incluyendo a miembros de Estados Unidos, Japón y Europa. Finalmente se funda en 1973 persiguiendo los mismos fines que el Concilio de Relaciones Exteriores, los cuales son seguir el camino hacia la creación del gobierno mundial único donde el poder esté en las manos de los dueños ricos y principales directivos de las grandes corporaciones del mundo. Para lograr este control total, eliminarían toda frontera e incrementarían el dominio de las Naciones Unidas. – dijo Deike.

–Usted afirma que "los verdugos del mundo provocan el estancamiento", ¿a qué se refiere usted? – preguntó Daniel.

–Me refiero a que parte del control y dominio social de los ricos sobre los pobres es la creación de una serie de estrategias que limitan el desarrollo económico de los pobres y aumentan las riquezas de los ricos. –dijo Deike.

—¿Puede usted mencionar alguna de esas estrategias? –preguntó Eli Salem.

—Los ricos contribuyen a la industrialización de los países pobres por medio de compañías y empresas multinacionales que al fin y al cabo servirán para aumentar el caudal de las riquezas de los poderosos y a los pobres se les exigirá trabajar como esclavos por míseros sueldos. Esta desigualdad lo que crea es un espejismo de prosperidad para los pobres y un gran negocio para los ricos. Los ricos dueños de los medios de producción han creado un frente común, una clase de unión indivisible que los hace regir sobre los países pobres. Los países pobres al ser diversos en desarrollo, se ven atrapados ante las ofertas miserables que les hacen los ricos. De esta manera los ricos, se extienden como amos sobre los pobres. Los ricos le prometen a las naciones crear un Nuevo Orden Internacional de tipo corporativista y cooperativista, sin embargo, pretende reducir a la mayoría de la raza humana a la esclavitud. –dijo Deike.

—Esclavitud, ¿qué clase de esclavitud? –preguntó Daniel.

—Las naciones todas cándidas ante las intenciones de control total de los grupos adinerados y poderosos de la tierra, tenderán a ceder ante las ofertas de seguridad y progreso. Allí estarán los verdugos para prometer un innovador sistema de control. Para poder conservar el monopolio de todas las cosas, los ricos impondrán avances tecnológicos sin precedentes. Esto conducirá al sellado de toda la raza humana por medio del implante de los microchips para ser rastreados por "scanner" como si se tratara de una mercancía más. –dijo Deike.

–Entonces los ricos se impondrán sobre los pobres estableciendo un sistema de sellado mundial. –dijo Daniel.

–Eso es correcto. Ese sistema de sellado mundial será algo más que un sistema de identificación. Será un medio de control total. Desde que el hombre se levanta hasta que se acuesta, estará siendo observado. Todas sus entradas y salidas serán rastreadas. Ninguna persona podrá comprar ni vender si no posee la marca de control social. El sistema de sellado mundial viene a establecer un control tal que se asemeja a una esclavitud impuesta sobre los hombres. El sistema será de características totalitarias. El sistema mundial que trae el nuevo orden mundial es uno que hará a los individuos dependientes en su totalidad del mismo. Dependientes en seguridad, en ubicación, en recursos básicos, en salario o sueldo. Y mucho peor aún, la vida misma de las personas dependerá del estado. No tolerarán subversivos ni personas que consideren una amenaza para sus egoístas planes de control humano en todas sus facetas. –dijo Deike.

–Esto de la "esclavitud" a la que usted se refiere me hace recordar el tema que se ha estado discutiendo en algunos medios de comunicación en torno a la denominada "Matrix". He visto mucha dificultad cuando la gente ha tratado de dar una explicación al respecto. Creo que algunos han afirmado que se trata de realidad virtual donde son otros los que rigen sobre ella. Hasta hicieron un filme cinematográfico sobre este tema. ¿Tiene alguna relación ese tema con lo que usted ha explicado de unas élites poderosas que rigen sobre los demás? -preguntó Daniel.

–Sí, creo que lo que algunos han tratado de explicar o definir lo es esa engañosa realidad en la que hemos sido inmersos como sociedad. Una sociedad controlada en todas sus plataformas por personas muy poderosas que solo velan por sus intereses. Estos poderosos poseen una compleja ideología ocultista que exalta el poder de la mente sobre la materia. El escenario pudiera ser muy semejante a los movimientos de una marioneta los cuales proceden de la voluntad de aquellos que controlan el juego. Creo que eso es lo que ellos han tratado de definir. Un mundo controlado donde existen algunos que se consideran superiores y procuran establecer un control total sobre la mente de los hombres. – contestó Deike.

–¿Cuál piensa usted es la nación que lleva la vanguardia de los planes mundiales de la poderosa élite que controla la tierra? –preguntó Daniel.

–Aunque las élites familiares adineradas y controladoras se encuentran en diferentes naciones de Europa, sí hay una nación que funge como fuerza de choque contra todas las demás naciones. Es pues Estados Unidos la principal republica masónica al servicio de la élite y a quien están asociadas Europa y Japón, sin embargo, el núcleo del Nuevo Orden Mundial se concentra en Europa y se extiende por toda Asia. Las tierras donde se originó la raza humana serán trascendentales bajo la centralización de los poderes del Nuevo Orden. El grupo Rockefeller tiene sus tentáculos extendidos sobre diversos organismos que controlan las decisiones políticas, económicas, religiosas y sociales. De la misma manera, los tentáculos de los poderosos intervienen en la política de diferentes naciones que se convierten en enemigos potenciales. Los pobres del mundo al ser mayoría son una amenaza para el poder total de los ricos, por lo cual los ricos impondrán la marca social y tecnológica como un medio de control, y así esa amenaza será eliminada o eliminados todos aquellos que no posean la marca y que se levanten contra el sistema. Los ricos sabrán extender el control de la marca por medio de conspiraciones sociales provocadas de tal forma que los hombres aterrorizados por la maldad social, abrazarán las nuevas medidas extremas de seguridad. El objetivo de todo este sistema innovador es la protección de los ricos y no precisamente a los pobres. Este sistema propone una nueva definición de lo que es el terrorismo. Ya no se tratará de personas lanzando bombas sobre la gente o estrellando aviones sobre edificios, ahora los terroristas serán aquellos que se nieguen a ponerse la marca de control social. Serán considerados terroristas aquellos que sean enemigos de la religión ecuménica que desean imponer. Serán considerados terroristas las personas quisquillosas que no estén a gusto con las medidas de "seguridad" estandarizadas a escala global. Serán considerados terroristas aquellos que no se sujeten a las directrices totalitarias impuestas. –dijo Deike.

–Según lo que puedo resumir de sus palabras, los días de la esclavitud apenas han comenzado. –dijo Daniel.

–Así será, lamentablemente no hemos aprendido nada de la historia. Vivimos en la era nuclear, eso significa que la maldad humana sigue vigente. ¿Conduciremos a nuestras familias hacia la "protección" en manos de aquellos que ya han demostrado ser egoístas e inescrupulosos en sus acciones? Es decir, los ricos siguen oprimiendo a los pobres. Este sistema que se está levantando es parte de la opresión. Los dictadores endulzan sus palabras más que la miel y las suavizan más que el aceite. Llenan sus bocas de promesas, pero en su interior reina la guerra y la codicia. –dijo Deike.

–¿Piensa usted que esa clase de sistema del cual usted nos está advirtiendo anulará la libertad humana? –preguntó Eli Salem.

–Es lo que hemos estado viendo sin percatarnos. Todos los bandos de la política contemporánea han sido convertidos en un mero juego de palabras que vienen y van pero que no cambian la dirección ni la realidad social. Estamos siendo conducidos a los intereses de la alta élite. Nuestros políticos se venden a sociedades secretas y trabajan en sigilo cumpliendo agendas oscuras que la gente desconoce pero que finalmente caen en ellas. Lo mismo sucede respecto a diferentes áreas y plataformas sociales. Nada nuevo que no haya sido aprobado de antemano por aquellos que llevan la ventaja social. Todo está obligado a someterse a la complacencia de los pequeños grupos poderosos que dominan la sociedad. Estamos y estaremos frente a un régimen fascista que regula a su antojo la cantidad de gente que hay en el planeta, que impone estilos de vida, que controla los sistemas educativos, la prensa y la opinión pública por medio de técnicas injustas de promoción desmedida hacia sus intereses particulares. Se trata de una minoría de grupos poderosos que se han hecho amos de los medios de comunicación de tal forma que promocionan y patrocinan todo lo que quieren a su antojo. De esta manera introducen a millares en el entretenimiento dejando a un lado lo que realmente importa, mientras ellos siguen extendiendo y fortaleciendo sus tentáculos día a día. Se trata de un complejo sistema de control que se impone de forma organizada sobre sus entidades de antemano compradas a los intereses de organizaciones que representan la mente de la élite como: el grupo Bilderberg, Comisión Trilateral, el Concilio de Relaciones Exteriores y el Club de Roma. Estos funcionan como una mesa redonda de poder en la toma de decisiones y logran someter importantes organismos e instituciones que finalmente se convertirán en los repetidores sociales que irán moldeando las mentes populares desde los mismos núcleos intelectuales como lo son: la Americas Society, las universidades y otros organismos culturales que finalmente son conducidos a alabar y exaltar la globalización.–dijo Deike.

–Entonces se trata de una minoría de multimillonarios selectos que están en la cumbre social y que determinan lo que acontece en el resto de la sociedad. ¿Son esos todos los núcleos de poder sobre la tierra? –preguntó Eli Salem.

–No, claro que no. Hay unos grupos herméticos mucho más difícil de identificar, pero su voluntad se ve reflejada en las marionetas de estas organizaciones de las cuales sí sabemos sus nombres. Es notorio que grupos como los Rothschild apoyan la idea y trabajan por generar un régimen social de naturaleza mundial que les pueda hacer conservar el poder a los acaudalados y poderosos clanes familiares que conforman la élite. Son ellos quienes se beneficiarían de un régimen socialista mundial. Ellos son los dueños legítimos de los medios de producción, las empresas y el capital. La política se convierte en un mero juego de ilusión para aquellos que atrapa en sus inútiles redes de opiniones diversas, pero la decisión final sobre cada acción de los partidos estaría en manos de aquellos que rigen por medio de las organizaciones internacionales de poder. –dijo Deike.

–¿Se le puede llamar a ese gobierno mundial uno de características invisibles? –preguntó Eli Salem.

–En su esencia así se presenta. Cada acción y operación se hacen por individuos sean prominentes o menos importantes. Nunca usando el nombre de Concilio de Relaciones Exteriores, ni de los

Bilderberg, ni mucho menos el Club de Roma, sino que su ámbito de acción se realiza de manera personal pero sirviendo a los grandes intereses desde sus respectiva áreas de influencia. En el caso que compete al Grupo Bilderberg, surge de una intención de la élite empresarial anglo norteamericana y su deseo de influenciar en todo el mundo. Se discuten allí cuestiones sociales actuales y se identifican a los satélites que servirán para imponer sus intereses en las demás naciones. La élite utilizó como recurso al príncipe Bernardo de Holanda, quien fuera ex colaborador del régimen de Hitler, para así formar un foro donde discutir temas de índole europeo-norteamericanos en el cual estuvieran presentes los más destacados aristócratas, empresarios y políticos de toda Europa, de esta manera continuarían en su control global. Alguno pudiera pensar que la élite esta desconectada de la Unión Europea, pero no es así. Todo responde a los intereses en común del control global. Se trata de un imperio totalitario sin precedentes. La historia nos mostró los ejemplos de lo que es el fascismo, el comunismo y el nazismo. Dichas doctrinas e ideas poseen elementos de aquello que se acerca en el futuro. En los anteriores ejemplos, el estado se proponía y se elevaba como un amo y dios, sometiendo al individuo a la completa obediencia. El hombre tenía que someterse en espíritu, alma y cuerpo ante el poder dominante. El gobierno mundial del nuevo orden propondrá estos mismos principios pero aplicados con mucho más rigor sobre cada individuo. Se trata del completo control, de la completa observancia y de la completa demanda de sujeción ante el sistema. Para lograrlo, se usará el sistema de vigilancia extrema que han estado idealizando y desarrollando por medio de la marca o microchip el cual unido a los sistemas de satélites espaciales se convertirán en el ojo que todo lo ve sobre la tierra. El estado impondrá sus ojos sobre la familia y cada individuo será obligado a utilizar la tecnología moderna. Controlarán las personas desde el momento de su nacimiento como si se trataran de meras mercancías. Crearán mentes programadas y se esforzarán por establecer un control mental utilizando los propios microchip desarrollados para hacer seres sin juicio propio y que solo obedezcan. Procurarán que se deifique al líder mundial que impondrán como a un dios y buscarán unificar todas las religiones en una sola. –dijo Deike.

–¿Cuál piensa es la diferencia entre el totalitarismo que usted asegura que se acerca, frente a los ejemplos del pasado como Stalin, Mussolini o Hitler? –preguntó Eli Salem.

–Lo que sucede con esto es que la gente tiende a aislar a los dictadores como si se trataran de meros individuos que establecieron regímenes controladores, aterradores y de gran fuerza, sin embargo, ignoran sus factores en común, su obediencias a una fuerza común y mayor que ellos. Se trata de familias poderosas quienes usando la herramienta religiosa han sabido imponerse sobre diferentes naciones de diferentes maneras. Cuando le convenía a la élite, financiaron y ayudaron a crear regímenes genocidas como el III Reich y por otro lado ahora hablan de su deseo de extenderse mundialmente en un acuerdo de cooperación y alianzas bajo un nuevo orden socialista o comunista. –dijo Deike.

–Entonces, usted está hablando de un poder que ya existía, pero que en realidad la gente lo ignora y son aquellos que han usado a diferentes dictadores y gobernantes como marionetas para llevar a cabo sus designios globales. –resumió Daniel.

–Los sueños imperiales de muchos dictadores siempre han sido vinculados a las ambiciones de un poder hegemónico de uno o varios estados. Siempre se conduce a la gente a ignorar el poderío económico que quita y pone reyes. Ahora, en el final de estos tiempos, la gente ha tenido la oportunidad de acercarse un poco más y entender que no se trata del poder que emana de una u otra nación sino que se trata del poderío que emana de las riquezas de una minoría de multimillonarios. Los propios estados internacionales no son la razón ni la causa, son meramente herramientas de control humano. Los verdaderos amos de la tierra utilizarán siempre la técnica del sigilo. Actuarán siempre tras bastidores para no ser identificados, pero se beneficiarán siempre de todas sus maquinaciones sociales. Su verdadera identidad estará siempre escondida detrás de sotanas que servirán para cubrir muchos de sus oscuros actos. Son los creadores de los diferentes discursos que se repiten de boca en boca por sus marionetas sociales. Apelan a las diferentes ideologías pero se nutren de todas ellas para sacar provecho y controlar. La mejor definición para los estratagemas de estos grupos controladores sociales se puede definir en el mero engaño social. Todo lo saben, pero a su vez nadie puede identificarlos claramente. Hay una realidad que he repetido varias veces en esta entrevista y fue el momento histórico cuando el obispo Alois Hudal vestido de toda apariencia de piedad le hizo entrega a Adolfo Hitler de la obra que proponía las bases del nazismo. Si usted analiza esto, no concuerda la brutalidad con el mensaje religioso que se supone sea de paz, no concuerda la vida con la muerte, ni la dicotomía de la guerra y la paz. De esa misma forma y partiendo de la misma contradicción, los grupos controladores de la tierra están vestidos de filántropos y de religiosos, usan la apariencia de la piedad y de la misericordia pero en realidad han sido los asesinos que han provocado las guerras, el hambre, el terrorismo, los asesinatos, la proliferación del opio en diferentes naciones, el espionaje, la explotación de las naciones y sus recursos y como si fuera poco han sido creadores de muchas y diversas enfermedades. Se han hecho dueños de la ciencia y la han usado para crear el terror y provocar diferentes calamidades. Para encubrir sus viles actos, se han puesto el disfraz de agencias y organizaciones de ayuda humana para seguir lucrándose del dolor de sus esclavos. Han conocido la forma de utilizar el lenguaje y la comunicación para sutilmente imponer su voluntad por medio de sus marionetas colocadas en diferentes plataformas sociales. Les han hecho creer a sus marionetas que trabajan para el bien común y por un mundo de paz, pero en realidad lo que han hecho es conducir a la raza humana a la más atroz de todas las dictaduras y donde ocurrirá en breve el más terrible y temible de todos los holocaustos. Han minado la sociedad con toda clase de entretenimientos, estos espectáculos les han servido para entontecer las mentes de la gente de tal forma que serían muchos los que preferirían la diversión y rechazarían toda clase de instrucción que los condujera a conocer la verdad social. –dijo Deike.

—Entonces, este nuevo imperio del cual usted habla, no necesita delimitar una frontera física sino no lo que busca es imponerse de manera internacional. –dijo Daniel.

—Ellos vienen a imponerse sobre todas las banderas. Con el pretexto de la igualdad se impondrán con una dictadura. Su meta será conducir a todas las naciones por la vía diplomática a aceptar la marca de control. Cuando todas las naciones agarren la carnada del microchip social insertado en los humanos, será el arma que se vuelva contra ellos, de esta manera no escaparán del poder de esta bestia política internacional. Para lograr el control que ellos desean, deberán ir conduciendo al mundo hacia el miedo y el terror. Estas serán las herramientas que conducirán al mundo a anhelar la seguridad. En otras palabras, que el propio terrorismo es un acto provocado por aquellos que conducen a la humanidad a la peor de todas las emboscadas sociales y he allí la razón de su sigilo y oscuridad en sus actos. El Nuevo Orden procurará endulzar sus discursos más que la miel. Hablaran de paz mundial, progreso, igualdad, libertad financiera, seguridad, felicidad social y creará el espejismo necesario para engañar a todas las naciones. Para cuando el hombre pueda reaccionar será demasiado tarde. –dijo Deike.

—Según lo que usted expone, entonces este sistema que se avecina es el clímax del humanismo. –dijo Daniel.

—De hecho, proponen la muerte de Dios y no solo eso, pretenden culpar al Dios cristiano de todos los males sociales, los mismos males que ellos crearon a causa de la avaricia y el egoísmo. El sistema que se avecina ha sido el promotor de teorías descabelladas como la evolución. La teoría de la evolución deja rezagada la verdad de la diversidad de las especies y cosas creadas para ir en pos de una justificación de una alegada evolución. No acepta el hecho de un ser Creador que utilizó elementos similares para crear diferentes especies y géneros, y se desvía hasta alegar que esos elementos en común justifican el que una especie conduzca a otra. De esta forma conducen al hombre hasta vincularlo con un simio. De la misma manera ponen una venda en las mentes para ignorar que no existen intermedios entre las especies. Cuando hablamos de diferentes modelos de una misma cosa tiene por ley que existir la realidad visible de los viejos modelos que cohabitan con los más modernos. Similar a lo que sucede con los automóviles. Usted tiene un auto del año, pero el hecho de que usted posea ese vehículo moderno, esto no afecta la realidad de que los viejos modelos estén a su lado en la autopista. Ese mismo principio es ignorado por los teóricos de la evolución. No existe un hombre mono cohabitando con las nuevas especies que según ellos han surgido. Lo cierto es que estas ideologías materialistas responden al control social que les conviene a los ricos. Devorar a los pobres y proponer que los fuertes devoran a los débiles. Lo cierto es que existe en este tiempo una gran manipulación de parte de los intelectuales y de la ciencia en todas sus áreas vendida a los intereses de la élite anglo norteamericana y de sus organizaciones y grupos de control. Algo contradictorio lo es el hecho que esas élites poderosas piensan de si mismos que no evolucionaron como afirman que lo hicieron los demás mortales, sino que se atribuyen un origen divino. No era por tanto extraño ver a los jerarcas nazis haciéndole creer a los que consideraban eran la raza aria, que ellos no procedían del mono, sino que llegaron directamente del cielo. Cuando se trata de control social, entonces imponen ideas que son orientadas como científicas pero que en su esencia están contaminadas con la intención de conducir el mensaje hacia la aceptación del dominio de los ricos sobre los pobres. –dijo Deike.

–¿Piensa usted que este sistema viene a destruir a la familia? –preguntó Eli Salem.

–Este sistema viene a exaltar los medios artificiales de la procreación para crear mentes que adoren al estado y al líder carismático que propondrán sobre las naciones. En tiempos pasados vimos como Hitler y sus jerarcas traspasaban las barreras morales en búsqueda de la súper raza aria, la llamada Lebensborn. De allí se nos daba licencia para procrear cuantos hijos fuera posible con las mujeres que fueran para crear un ejército de dioses. Se nos lavaba el cerebro para ser lo que ellos deseaban que fuéramos. Esta nueva raza deificada será considerada superior y los demás mortales serán considerados esclavos desechables. —dijo Deike.

—Si rechaza la familia tal y como la conocemos hoy, entonces, ¿qué de Dios? —indagó Daniel.

—Ellos pretenderán aislar a los hombres de la realidad de Dios para proponer a su ídolo, el líder mundial. De la misma manera que los faraones de la antigüedad se declaraban dioses, de esa misma manera ellos lo profesan hoy y lo harán en el futuro. Es por esto que toman muchos elementos de la religión egipcia, y veneran sus filosofías. Se trata de una religión donde los amos se colocan en la cúspide de una pirámide y bajo ellos, el mundo como esclavos. Procurarán reducir los ideales particulares a nada e impondrán una clase de religión universal que rinde pleitesía al líder que elevaran sobre todas las naciones. Dicha falsa religión obedece a los intereses de los ricos y humilla a los pobres. Pretenden reemplazar a Dios con las riquezas, el poder y el esoterismo obtenido del paganismo egipcio donde se colocan ellos como dioses. –dijo Deike.

–Entonces, este totalitarismo del que nos hablas reduce al hombre a nada y eleva al sistema al todo. –dijo Daniel.

–No solo las élites se elevan como amos y dioses sino que ellos pretenden hacer y disponer de toda la raza humana. Ellos procurarán controlar y reprogramar todas las mentes a los intereses de ellos. Han estado sembrando en la sociedad el ateísmo, la inmoralidad, el materialismo, el descenso de la familia, promueven el libertinaje sexual y conducen a los humanos como animales irracionales. De esta manera los conducen hacia sus fines. Los pobres son considerados un mal que ocupa espacio y que debe ser reducido en cantidad. De esta forma promoverán el control natal y autorizan los abortos. La reducción de la población mundial será una parte de sus agendas preferidas. –dijo Deike.

"*En la sociedad, el hombre sensato es el primero que cede siempre. Por eso, los más sabios son dirigidos por los más necios y extravagantes*".

–Jean de LaBruyere

# 16

# Entrevista a Alexander Deike
# Parte IX
# Ocultismo y Política

—Yo personalmente he estudiado el tema de las sociedades secretas y como han estado influenciando sobre la política mundial. ¿Qué tiene usted que decir al respecto? —preguntó Eli Salem.

—El poder que controla el mundo como ya hemos visto procede de su afán por las riquezas. En esa búsqueda por el dinero, los hombres han rendido culto a ídolos como Bafomet a cambio de poder y gloria. Si usted busca en los libros sagrados en el evangelio de Mateo, en su capítulo cuatro se narra el evento cuando Lucifer comete la osadía de ofrecerle al Cristo los reinos del mundo a cambio de adoración. Jesucristo rechazó tajantemente esa tentación, sin embargo, ese no ha sido el caso de muchos poderosos de la tierra que a cambio de poder y gloria han hecho pactos con esa clase de ídolos y cumplen los designios de toda una jerarquía luciférica. Ya durante esta entrevista les hablé de forma general como el poderío de las riquezas ha estado estrechamente vinculado al poder religioso y aristócrata. Contrario a lo que la gente piensa, los altos clérigos del mundo, más que servir al cristianismo, le sirven al dios de las riquezas. Ese ídolo de las riquezas ha usurpado el lugar de Dios. Es de esperarse, pues que si la cabeza de la sociedad ya es corrupta, se extienda esa misma pudrición hacia las ramas de las cuales todos se nutren. Tenemos pues a familias europeas muy ricas de la tierra, vinculadas al poder religioso de los jesuitas quienes se han colocado en la cúspide de poderío social. Utilizando su poder religioso, los jesuitas han creado sociedades secretas diversas entre los cuales los *Illuminatis* es solo una de muchas que persiguen una utopía global. La Orden de los jesuitas ha sabido imponerse sobre el Consejo del grado 13 de los Iluminados de Baviera, el Consejo del grado 33 de los masones del Rito Escocés, las denominadas 13 líneas de sangre satánica, el Comité de los 300, La B'Nai y B' Rith, y la Gran Oriente. Estos núcleos de poder son los que influyen sobre otros grupos de la economía mundial y sobre otras sociedades como: la Masonería libre del Rito Escocés y York, los *Skull and Bones*, la Logia Gran Alpes, los Caballeros Templarios, la Logia P2, los Rosacruces, los Caballeros de Malta, y los Caballeros de Columbia. –dijo Deike.

–Se ha dicho por diferentes medios que diversos presidentes de los Estados Unidos son parte de una red vinculada a la sociedad secreta de los Calavera y Huesos. ¿Considera usted que eso es correcto? –preguntó Eli Salem.

–Han existido diversos grupos instalados en diferentes universidades los cuales tiene como misión identificar a aquellos futuros candidatos que servirán de marionetas políticas en los gobiernos. Ese es el caso de la sociedad llamada "El Grupo" de Oxford, los *Skull & Bones,* fundados en 1833 en Yale, Connecticut. A la sociedad de los Calavera y huesos se le conoce también como la *"Brotherhood of Death"* o "Hermandad de la Muerte" y también como "La Orden". Los orígenes de los *Skull & Bones* se deben al empresario, político y educador William Huntington Russell quien junto a quien llegara a ser el Fiscal General y Secretario de Guerra de Estados Unidos, Alphonso Taft, le dieran inicio a la Orden. Rusell fue descendiente de familias inglesas ancestrales y se convirtió en un magnate el cual estuvo en la Universidad de Ingolstadt en Baviera en 1831 y 1832. Esto lo puso en contacto con la Orden de los Illuminatis ya iniciada por Adam Weishaupt a finales del siglo XVIII. Weishaupt habiendo sido tanto jesuita como ocultista fue el primero en idealizar una utopía para crear un Nuevo Orden Mundial. El propio Weishaupt sería la fuente de la cual beberían todos los políticos e intelectuales que ocupan puestos de alto mando en la dirección política, económica y religiosa que tienen vínculos con la masonería. La masonería se rinde a los intereses de las familias ricas de la tierra que persiguen la dictadura mundial. Los Iluminados siempre se presentaron con la fachada de ser una Orden que procuraba el mejoramiento social del mundo, sin embargo, de lo que se trataba de entregarle todas las instituciones mundiales en manos de aquellos que siendo ricos y poderosos le sirven a la religión antigua de Egipto y Babilonia para la cual se divide la sociedad en solo dos clases, los ricos a quienes se les considera dioses y a la clase inferior a quienes se les considera, los esclavos. Fueron pues los ricos quienes estuvieron detrás de la creación de dicha oscura Orden. Específicamente Meyer Amschel Bauer quien siendo banquero se cambió el nombre a "Rothschild". Siendo prestamista de dinero a los gobiernos, se convirtió en su influencia. Los lazos Rothschild con el propio Adam Weishaupt se hacen evidentes en su meta de controlar al mundo completo. –dijo Deike.

–Perdone que le interrumpa, cuando usted habla del dominio por medio de las riquezas, ¿no pone esto a personas William Henry Gates III a la cabeza de la influencia mundial? Es decir, si él es identificado como el que más dinero tiene, entonces, ¿no se supone que sea él la persona de mayor influencia en el mundo? –preguntó Eli Salem.

–Aquellos que controlan el mundo visualizaron un mundo controlado en su totalidad y no meramente en el área económica. Bill Gates siendo el dueño de Microsoft y poseer la empresa más grande de programas computadoras es simplemente una parte que sirve para abonar al control de las élites poderosas. Algunos incluso han hecho la observación del cambio de nombre de William Henry a llamarse "Bill Gates" como una oculta alusión a los Illuminados de Baviera, de esta manera, la "B", puede referirse a "Baviera" y "ill" a los Iluminados. Los cierto es que los sistemas de computadoras son parte del control de la élite sobre el mundo. En el mundo tenemos diversidad de personas influyentes, como lo es el presidente de los Estados Unidos al tener el ejército de mayor poderío tecnológico peligroso del mundo en lo que armas nucleares se refiere y tiene el apoyo de su gobierno. Aún haciendo la guerra a las naciones tiene la fachada de Nóbel de la paz. Sin embargo, el presidente de los Estados Unidos no es el único en poseer gran influencia. Tenemos al presidente de China y el primer ministro de Rusia, ambos mostrando hechos sociales que demuestran su poder e influencia en sus respectivas áreas de gobiernos. De lo que estamos hablando es que no se trata del control de una mera área social. Lo que la elite persigue es el control total donde todos estos líderes de la sociedad vienen a ser elementos necesarios y a la vez dirigidos para los ideales de aquellos que nunca son mencionados y ni siquiera aparecen en las listas de los poderosos de la tierra. Esa presencia oculta que los conduce a todos ellos como marionetas es la que hay que temer. La fuerza del grupo invisible que dirige a los jesuitas, a las logias, a los grupos económicos del mundo, a los grupos educativos, a las diferentes naciones, a los grupos de inteligencia, y a los grupos políticos. Los Rothschild dieron origen a una Orden que llevaría el liderato de todas las demás órdenes de la masonería. Es allí donde encontraron los contactos relacionados a políticos, empresarios, escolares, adinerados, intelectuales, y gente prominente que serían invitados a ser parte de estos grupos y quienes finalmente serían conducidos a sus metas globales. La ayuda mutua de la que trata la masonería es a obedecer los planes determinados por la alta jerarquía del grado 13 de los Iluminados de Baviera en conjunto con los jesuitas controladores tras bastidores del poder religioso. No estamos hablando de grupos religiosos que se pueden considerar cristianos, sino que simplemente utilizan la fachada cristiana para promover sus causas. De esta forma, todos sus hechos, por más inescrupulosos, horrendos, o terribles que puedan ser, son justificados y excusados por las metas globales que desean obtener. De esta manera, los genocidios, las masacres, las guerras y diversidad de acontecimientos sociales son planeados con el propósito de obtener resultados de extender su dominio total. –dijo Deike.

–¿Qué de aquellos grupos universitarios que vemos que exhiben rasgos similares a las sociedades secretas. –preguntó Daniel.

–Sin que muchos lo sepan, existen lazos entre los Iluminados de Baviera y la sociedad Phi Beta Kappa. Ésta le ha servido para extenderse por todo Estados Unidos proponiendo la filosofía como regla de la vida por encima de la religión. Pero no cualquier filosofía, sino aquella que responde a los intereses de las élites de los ricos. No es extraño que aquellos que se unen a dichas sociedades estén motivados en su interior por riquezas, poder y reconocimiento social. Aunque la Phi Beta Kappa posee muchas similitudes con los Iluminados, sería la búsqueda de un grupo hermético lo que diera paso a los Skull and Bones en 1833. ¿Qué tenemos en resumen? Tenemos a una orden ocultista con enormes vínculos con los jesuitas fundada a pedidos de los Rothschild, pero llamada Illuminati que ha dado paso al desarrollo y crecimiento de élites como: los Harriman, JP Morgan y los Rockefeller, por los cuales se han extendido al dominio económico por diferentes ramas. Grupos por los cuales se han creado grandes bancos que serían financieros de diferentes reinos de la tierra. Estas sociedades secretas están estrechamente relacionadas a los proyectos de imperio que vimos en Hitler y que siguen siendo perseguidos por aquellos que auspician del Nuevo Orden Mundial. Ya hemos dicho como los mismos planes de un gobierno global idealizados por la maquinaria del III reich se siguen hoy, probablemente en búsqueda de un IV reich mundial. Tenemos pues, la semilla alemana que fue sembrada por los jesuitas cuyos frutos vimos en el III reich creciendo día a día, pero esta vez infectando con su veneno a todas las plataformas sociales importantes que dirigen y controlan la tierra. Tenemos presidentes de naciones utilizando diferentes fachadas políticas pero que al fin y al cabo responden a esos intereses y propósitos. Estas sociedades son monitoreadas por la élite inglesa y norteamericana para preparar satélites que sirvan a sus intereses no importa si se encumbran en la política con diferentes fachadas como liberales, conservadores, republicanos, demócratas o cualquiera otra clase de ideología. No se trata de un grupo de puritanos que se reúnen en una iglesia a profesar una religión. –afirmó Deike.

—¿Persiguen las sociedades masónicas secretas los ideales del ocultismo? –preguntó Daniel.

—Se trata de un extraño culto pagano con bases en el ocultismo cuyo premio es la riqueza, el poder y la autoridad sobre las naciones. Predican un pragmatismo moral que se reduce en ideas maquiavélicas donde para lograr sus metas fungen como camaleones en la sociedad. Se presentan como superiores y van en búsqueda de una raza de dioses que dominen sobre un mundo de esclavos. Por un lado hablan de derechos y hasta dieron origen a la Declaración de Derechos Humanos y por otros lados transigen la ley cuando sus intereses se ven comprometidos. Aunque algunos usan la fachada de "cristianos" no sería sino un método de control social el vestirse de diversidad de denominaciones diferentes. De hecho, la masonería posee su plan de diseminación de sectas heréticas con el propósito de derribar el cristianismo. Esto se puede notar claramente cuando uno de los descendientes de William Huntington Russell llamado Charles Taze Russell dio origen a una secta la cual es identificada por los eruditos como una que posee una versión perniciosa y reprensible de la Biblia. Sin embargo, han encontrado la manera de atraer millones de feligreses por medio de literatura diversa. Las sociedades secretas son tan anticristianas que ni siquiera se rigen por el calendario cristiano sino por el de Demóstenes, un antiguo orador griego. Sin embargo, no resultaría extraño que se encuentren entre sus miembros personalidades que afirmen ser cristianos, ya que serán ellos los satélites que servirán para controlar e imponer las agendas ocultas en los núcleos religiosos diversos. Los grupos que practican el sigilo y el misterio logran burlar las leyes por medio de su poderío y organización que cubre todas las ramas de la sociedad. De esta manera, sus conspiraciones y hechos horrendos no serán conocidos en el presente, y con dificultad en el futuro. Los ricos introducidos en sociedades secretas con su poderío e influencia sobre la bolsa de valores americana, WallStreet, fueron responsables del financiamiento de la revolución bolchevique, la caída de los zares rusos y financiaron también la maquinaria del III reich hitleriano. Financian y controlan ambos bandos en el campo de juego como medio de control. Por otro lado, los aspectos educativos en cuanto historia y economía están contaminados por la agenda aristócrata que desde un comienzo se impusieron en la Asociación Americana de la Historia y la Asociación Americana de la Economía. De esta manera, conocemos solo en parte lo que realmente sucede en la historia, y los currículos y literatura han sido rescritos para encubrir las acciones de los forjadores del Nuevo Orden Mundial. –afirmo Deike.

–¿Cuál piensa usted sería la motivación si existe del reescribir de la historia? –preguntó Daniel.

–El reescribir de la historia es un estratagema que hace que la mayoría de la gente tienda a mirar los acontecimientos de la historia como sucesos independientes pero los conducirían a ignorar la mano oscura que los produce y que aún hoy sigue obrando delante de nuestros ojos. Es de esperarse que si existe un plan detallado de control social esto incluya no solo a los controladores de las fuentes de la energía y todos sus grupos componentes, sino también a universidades, organizaciones, bancos, negociantes, medios de comunicación, editoriales poderosas, escolares, industrias diversas sean de alimentos o de cualquier otra clase de cosas, y todo aquello que sirva para brindar ganancia y dirección de la sociedad incluyendo la manipulación de la opinión pública. Los grupos de control y marionetas de la élite estrecharían lazos e intercambiarían puestos e influencia entre universidades y organizaciones de poder mundial. Fundarían universidades que finalmente usarían para crear mentes a la medida de sus intereses. –dijo Deike.

—¿Cómo se puede armonizar estas aseveraciones que usted hace con las alegaciones que hacen muchos miembros de la masonería quienes afirman que dicha sociedad secreta es cristiana y posee integrantes que afirman ser reverendos y ministros? —preguntó Daniel.

—Lo que sucede es que la masonería en sus comienzos se trataba de gremios de trabajadores y constructores de catedrales en Europa. Sin embargo, esa verdad de pronto se vio introducida en la realidad de su contacto con los caballeros Templarios cruzados. Ya los templarios venían secretamente enlazados a cultos paganos pero aun apegados a su fachada de defensores del cristianismo. Para la mayoría de las sociedades secretas, el sigilo les sirve de camuflaje de sus acciones. Si fueran grupos que no tuvieran algo que esconder no tendrían que recurrir al secreto y al misterio. Por supuesto que las sociedades secretas apelarán a todo aquello que los presente como de buen nombre como sus aseveraciones de que estuvieron involucrados en la formación de partidos políticos del mundo y procuran cualquier oportunidad para hechos filantrópicos visibles. Tuvieron mucho que ver con diversas acciones positivas como la Declaración de Derechos del hombre, y hasta afirman que el templo de Salomón fue construido por masones. Sin embargo, esas acciones positivas no precisamente respondían a su interés por los pobres sino en el proteger los derechos de los ricos. –afirmó Deike.

–Entonces, estamos frente a grupos y sociedades secretas que utilizan toda una serie de actos públicos que les sirven para ser alabados por los hombres pero que en realidad encubren los verdaderos propósitos de aquellos que los dirigen a construir el denominado nuevo orden secular que no necesariamente será para el bien de todos. –resumió Daniel.

–Hay algo que algunos parecen ignorar o lo encubren voluntariamente y es que los autores por los cuales se rige la masonería, afirman abiertamente que sus doctrinas proviene de una doctrina luciférica a la cual le llaman «sabiduría». Un ejemplo lo es el libro: Las *Claves Perdidas de la Masonería* de Manly P. Hall en el que se dice claramente que a los masones se les instruye en el aprender a manejar energías, las cuales son las energías ardientes de Lucifer. Por otro lado, en el libro: *Moral y Dogma* de Albert Pike, el cual es el manual de entrenamiento para cada uno de los 33 grados de la Masonería, llama a Satanás el Creador del mundo y hace la famosa expresión: *"¡Lucifer, el Portador de Luz! ¡Extraño y misterioso nombre que da al Espíritu de las Tinieblas! ¡Lucifer, El Hijo del Amanecer! ¿Es aquel quien carga la Luz y con su intolerable esplendor, debilidad ciega, sensual o alma egoísta? ¡No lo dude! Pues tradicionalmente están llenas de Revelación Divina e Inspiración…".* La masonería alaba y adora no solo a Lucifer sino también a la naturaleza, al sol, llaman a dios como a una fuerza impersonal y afirman que Satanás al cual sirven es simplemente la negación del Dios cristiano. De la misma manera, la masonería propone que el cielo se gana por medio de obras en la tierra y descarta la doctrina de la gracia. Claro está, siempre y cuando esas buenas obras no comprometan sus planes de poder mundial. Como ha sido el caso del presidente de los Estados Unidos quien ha estado afirmando su lucha por la paz y aun ganando el Nóbel de la paz, afirma que harán la guerra por conseguirla. De lo que se trata es de una falsa promesa de paz que se ajusta a sus intereses sobre las naciones. En nombre de la paz asesinarán a millones. A menudo, las sociedades secretas se ven reflejadas en sus diferentes compañeras bajo diferentes nombres. El hecho de que posean diferentes nombres no significa que se desvíen mucho de sus propósitos y prácticas. Un ejemplo de esto lo es la llamada Sociedad Thule. Dicha sociedad nació simultáneamente y en el mismo lugar de los Iluminados de Baviera. La maquinaria de Hitler recibió aportes económicos de dicha sociedad y muchas de las ideas de una súper raza brotan de las ideas de la sociedad Thule la cual estaba compuesta por intelectuales y empresarios poderosos. La sociedad Thule, así como otros grupos secretos se presentan como quienes pretenden hacer cambios de bien, sin embargo, los medios y filosofías que poseen los hacen desembocar en tragedias como lo fue el holocausto del 1933. Ahora mismo, la filosofía de estas sociedades secretas está de igual forma intacta. Eso significa que ante las propuestas de paz y seguridad mundial es de esperarse un nuevo y peor holocausto sobre la tierra. Se tratará de la aniquilación de millares de gente que no se adapten y sometan el sistema mundial. De la misma manera que líderes políticos como Hitler se integraron a grupos ocultistas como los Thule y cometieron atrocidades siendo dirigidos por supuestos seres guías, de la misma manera, hoy, muchos políticos y gente que dirige la sociedad, están siguiendo los mismos pasos de Hitler para darle a la sociedad los mismos resultados funestos. La esvástica de los Thule sigue siendo izada en las mentes de aquellos que procuran construir un nuevo orden internacional. Lamentablemente las técnicas que han estado usando los gobiernos unidos a las élites poderosas son las técnicas empleadas por la propia mafia. La mafia de ayer y hoy propone lograr sus objetivos amparándose en la autoridad de un líder que le permite hacer ejecuciones, envenenamientos, asesinatos, masacres, robos, siniestros y toda clase de acciones oscuras que sirvan para adelantar sus causas inescrupulosas. De la misma manera, las sociedades secretas hacen uso de sus alianzas en diferentes planos sociales para lograr sus objetivos por toda clase de medios. –dijo Deike.

–¿Cuáles otras sociedades secretas, grupos, religiones que podrían estar vinculadas a los intereses del Nuevo Orden internacional? –preguntó Daniel.

–Existen ramas de esta compleja maquinaria que están más cerca de nosotros de lo que imaginamos. Incluyendo muchas sectas religiosas que son tildadas de "cristianas" de las cuales algunas no se libran de esta gran conspiración social originada por los que controlan la masonería. Unas más antiguas que otras, pero persiguiendo los mismos fines sociales, entre las cuales estan: la sociedad V'ril, Asatru, OTO/Thelema, WICA, Sendero luminoso de Perú, Club del fuego infernal, el budismo tibetano, el Dalai Lama, la secta de Moon, el mormonismo, iglesia anglicana, el Islam, el vampirismo gótico, raelianos, Cuervo Negro y la Arcana Orden de Sino, Orden Internacional de Demolay, Orden Internacional del Arco Iris para muchachas, Thugs, mitraísmo, druídas, catarismo, gnosticismo antiguo, raza aria, helenismo, stregheria, Kemet, tradición keltriana, Le Droit Human, la Orden de la Estrella de

Oriente, maniqueísmo, zoroastrismo, nueva era, partido nazi americano, hijos de la luz, ejército rojo del Japón, Brigadas rojas de Italia, Mano Negra, anarquismo, socialdemocracia, marxismo, leninismo, stalinismo, feminismo desmedido, machismo desmedido, comunismo, neonazis, sikhismo, los *"walkins"*, los *reptilianos, ufología,* liberación homosexual, shintoísmo, taoísmo, metafísica, confusionismo, Ku Klux Klan, teosofía y sectas creadas por el Vaticano, entre muchos otros grupos. –dijo Deike.

–¿De qué manera identifica usted las prácticas del ocultismo por parte de Hitler y los demás líderes nazis?

–Las sociedades secretas beben de fuentes antiguas surgidas de Babilonia y Egipto. Afirman que los antiguos originaron estos cultos vinculados a las pirámides y a la vida ultratumba. Proponen seres espirituales que viajan por los cielos y que se comunican con los hombres para conducirlos hacia un mundo de paz. Detrás de las acciones sociales que vemos están las ideas y dirección de esos alegados seres invisibles. Doquiera hay pirámides en la tierra, en lugares como México y Perú, ellos piensan que seguían la misma filosofía político-religiosa. Es por esto que los Iluminados utilizan como emblema las pirámides ya que piensan que en ellas se encierran los secretos de la vida. Se les llama "Iluminados" por el hecho de que su conocimiento y "sabiduría" proviene de estos seres que ellos invocan del mundo más allá. Hitler se introdujo en las ideas de los Thule y en la de la sociedad V'ril. En ambos grupos se procura recibir ciencia de seres guías de otros planetas. La sociedad V'ril realizaba ritos satánicos en lugares subterráneos. Por medio de la sangre humana derramada afirmaba obtener energía. Esa sociedad estaba vinculada a la búsqueda de una tecnología supersónica de platillos voladores y naves espaciales. Para hacer volar sus naves procuraban obtener una energía oculta. Practicaban orgías sexuales y meditaciones esotéricas para recibir el poder que buscaban. Entre los iluminados espiritistas que seguían a la *V ril* estaban: Adolfo Hitler, Himmler, Alfred Rosenberg, Rudolf Hess, Martin Borman y Herman Goring. En realidad Hitler estuvo vinculado a la Sociedad Alemana para la metafísica. Hitler era visto como un Mesías, y su partido se convirtió en parte de ese culto. Era una religión que muchos siguen aun hoy. Elena Blavatsky hizo grandes aportes a estas ciencias ocultas vinculadas a los tibetanos y de los alegados arios. – dijo Deike.

–¿Por qué existe tanto atractivo de esos grupos a esa clase de ritos y cultos extraños? – preguntó Eli Salem.

—Se les llama "Iluminados" ya que lo que consideran su "sabiduría" proviene de esa clase de interacción con doctrinas paganas y cultos ancestrales donde invocan a espíritus guías. Piensan que de ellos brota todo el saber para alcanzar el mayor desarrollo de nuevas tecnologías y hasta de dirección política. Hitler fue uno que pretendía asombrar al mundo por medio de nuevas tecnologías supersónicas y que causaran la maravilla de sus enemigos. Fue por esto que en el pasado se unió a la Sociedad V'ril y hoy siguen esas ideas los raelianos. Los raelianos son solo un reflejo de las creencias que existen en diversas sociedades secretas. Hoy en lo secreto no solo se siguen esas extrañas filosofías sino que se trabaja para traer esas tecnologías a la realidad. El mundo que nos espera será muy extraño y muy peligroso.

*"Donde mora la libertad, allí está mi patria"*
— Benjamín Franklin

# 17

# Entrevista a Alexander Deike
# Parte X
# Aviso de tormenta

—Todas sus aseveraciones desde que comenzó esta entrevista han sido alarmantes y controversiales. ¿Tiene usted un mensaje que desee darle a la juventud que se levanta? –preguntó Eli Salem.

—Sí, solo que abran sus ojos. Que vayan más allá de las cosas que se les enseñan. Que investiguen por su propia cuenta si las cosas que les enseñan son ciertas. Que estén comprometidos con la verdad y no se aparten de ella. Si accedí a esta entrevista es porque la realidad histórica es innegable. No estoy hablando de cuentos de viejas. El III Reich fue una dictadura que apenas culminó hace poco más de medio siglo. Esas ideologías siguen vigentes. Es inminente que ocurra sobre toda la tierra lo que más temo, el levantamiento del mal como nunca antes. Si están escuchando, viendo o leyendo esta entrevista que aquí les concedo no es por casualidad. Les pido que realicen las debidas investigaciones sociales. Escudriñen, lean, infórmense, vayan más allá de lo que simplemente leen y busquen fuentes extras que abunden los temas. Formen sus propias conclusiones. Se encontrarán en su camino personas que procuraran negar las aseveraciones que aquí hago. Les animo a investigar y puedan comprobar por ustedes mismo. No pretendo poseer la verdad absoluta solo les invito a ustedes a ser los investigadores. –dijo Deike.

–Por favor, antes de que culmine esta entrevista, díganos, ¿de qué manera logró escapar de las redes del nazismo y cómo ha podido ser libre de su pasado? –preguntó Daniel.

–Todos los años que estuve preso por el odio que echó raíces en mi interior cada vez haciéndose más fuerte pudieron ver su final una tarde cuando se acercó a mí un simple niño quien junto con su madre le hablaba a la gente sobre el amor de Dios demostrado por medio de su Hijo. Personalmente me había convertido en una piedra inquebrantable hasta que escuché el mensaje de un Dios que estuvo dispuesto a morir en una cruz por mí. De pronto, el mensaje que tanto odiaba, me fue transformando la vida. Toda mi miseria como ser humano, toda mi rebeldía fue quebrantada cuando escuché el mensaje de esperanza. Mis cadenas fueron rotas. Ahora ya no vivo en mi pasado sino que me dirijo hacia adelante en búsqueda de Dios. Lo que antes era normal para mí, como el ver a gente morir, ahora se ha convertido en una preocupación. No deseo ver a nadie caer en manos de este sistema que se avecina. –dijo Deike.

–¿Se considera usted una persona arrepentida? –preguntó Daniel.

–Completamente, y he sido restaurado en mi interior. No quiero volver a ver el llanto de un pequeñuelo que sufre por la muerte de sus padres. Vi tantos niños llorando desconsoladamente, siendo llevados violentamente a la muerte. Vi tantas mujeres siendo despedazadas cruelmente y escuché sus gritos desconsolados pidiendo ayuda sin que nadie saliera a su encuentro. Vi los cuerpos de millones siendo lanzados de forma inhumana por parte de los verdugos a los que yo mismo estuve unido. De mis manos sonaron los disparos contra tanta gente. Fueron tantas vidas que destruí que por años se ha repetido esas escenas continuamente en mi recuerdo. De manera inesperada vi la mano de Dios que transformó mi vida de criminal en una nueva persona. Con el corazón en la mano les pido que así como ha sucedido conmigo, puedan encontrarse con su Creador. Así, y solo así podrán ser verdaderamente libres. –dijo Deike con lágrimas en sus ojos.

—¿Piensa usted que la sociedad tiene esperanza? —preguntó Daniel.

—Creo que si personalmente tuve esperanza, de esa misma forma cada hombre puede alcanzarla. Si cada hombre retorna a Dios, Él volverá en amistad con ellos. —dijo Deike.

—Luego de toda esta entrevista que nos ha brindado, ¿no teme usted porque alguien pueda tomar represalias en su contra por la información que comparte con el público? —preguntó Eli Salem.

—Aprendí que ahora en mi vida en la fe de Jesucristo, el morir es ganancia y que no tengo que temer de aquellos que pueden matar este cuerpo. Si por él morimos, viviremos juntamente con él. —dijo Deike.

*"La violencia no deja de tener cierto parentesco con el miedo".*

—Arturo Graf

# 18

# En la Biblioteca de Londres

La entrevista al Sr. Alexander Deike grabada por los periodistas Eli Salem y Daniel Godwin fue llevada al público según lo acordado, apenas una semana después. La *Internacional Network and Global News* acaparó la atención pública de una manera extraordinaria. La opinión pública estaba dividida. Unos se apercibían y otros simplemente no brindaban importancia al tema.

Pasados dos meses ambos periodistas estaban en nuevas asignaciones especiales. Daniel Godwin escudriñaba profundamente el acontecer contemporáneo e iba corroborando los hechos con las aseveraciones hechas por Alexander Deike.

Daniel se encontraba inmerso entre sus papeles en el escritorio de su propia casa.

—Oye amor, Eli no ha llamado. —le preguntó Daniel a su esposa Elisabeth.

—No, creo que lo escuché que dijo algo sobre una nueva asignación especial. —contestó Elisabeth.

Elisabeth continuó haciendo sus quehaceres y Daniel se dispuso a llamar a su compañero. Tomó su teléfono celular y marcó el número. El teléfono de Elí trastornó el silencio de la Biblioteca donde se encontraba.

—¡Hello! —dijo Elí Salem en voz baja luego que el celular comenzara a vibrar en su chaqueta.

—¡Saludos, Elí! Te estoy llamando para saber de ti, a ver si me doy la vuelta por tu oficina dentro de un rato. —preguntó Daniel.

—¿No me digas? —preguntó Elí riéndose—. ¿Vendrás a Londres?

—¿Londres? —preguntó Daniel.

—Sí, ahora mismo estoy en una asignación especial. Tuve que salir de improvisto a causa del noticiero. Lamento no te lo haya comunicado antes. Ya me pondré en contacto contigo pues creo que te interesará el tema. —dijo Elí.

—Sólo quería saludarte. —dijo Daniel.

—Nos comunicaremos luego. Pero en este momento debo colgar pues estoy en una biblioteca y no me están mirando con buenos ojos algunos estudiantes, además que el *roaming* no es muy bueno en mi celular. —dijo Elí acelerando su conversación.

—Te veré luego tan pronto regreses. —se despidió Daniel.

Elí Salem se distinguía por poseer una personalidad muy alegre que contagiaba a sus amigos, aunque él mismo vivía solo en un apartamento propiedad de la cadena de noticias para la cual trabajaba. Sus temas y entrevistas habían acaparado la atención del público con gran auge. Por los temas que trataba, Salem estaba en la mirilla de diversidad de opositores.

Ese día, el periodista se encontraba inmerso entre miles de documentos, entre los cuales tenía en mano y analizaba de manera minuciosa unos papeles del año 1871. Eran unas cartas donde Albert Pike, el renombrado miembro de la cúpula masónica, preanunciaba las causas de las futuras guerras mundiales en sus cartas dirigidas a Giuseppe Mazzini, otro líder iluminista.

Ya era muy tarde en la noche cuando allí parado en el pasillo silencioso quedó con mirada fija indagadora en los planes que Pike delataba en tinta y papel sobre lo que se supone fueran los sucesos sociales que ellos orquestarían para la humanidad.

De forma abrupta y rozando sobre su cuerpo apareció del pasillo anterior un hombre alto y corpulento, con la piel blanca, de entenebrecida mirada y cabello rubio y corto. Sus ojos denotaban mirada intrigante y sospechosa. Al rozar con Elí, éste no pudo evitar fijarse en el extraño hombre que merodeaba bajo los mismos estantes de temas de estudio.

Elí retornó a sus líneas y cartas antiguas y pretendió ignorar al musculoso hombre que se mantuvo hojeando literatura como a tres metros cerca de él. El incógnito hombre tenía una chaqueta negra usada por  motociclistas y parecía ocultar algo en su bolsillo. El extraño hombre se paró detrás de Elí. Ya los estudiantes, profesores y turistas se habían marchado y casi estaba por cerrar la biblioteca. Como lo hubo planeado, el hombre tomó del bolsillo de su chaqueta un puñal que traía y así cubriéndole aun con su ropa justo detrás de Elí le hincó las espaldas a la misma vez que le habló...

—¡Basta ya! Si no cooperas entonces tampoco vives. Se terminó el estorbo en nuestros planes. —dijo el extraño hombre de manera hostil con acento americano de los del sur.

Elí guardó silencio aturdido por el suceso, como si se hubiera tragado las palabras y pensamientos. Reaccionó de repente al comprender que le habían seguido hasta allí.

—Nada impedirá que llegue el mensaje a la gente. —tartamudeó Elí—. Sintió la afilada punta del puñal que la presionó aún sin romper la piel.

—Usted puede detener su propia tragedia guardando silencio total. —advirtió el hombre.

El extraño hombre tenía la misión de imponer una mordaza al periodista.

—Ni usted ni su familia tiene porque sufrir los estragos de su osadía. Solo entrégueme las cintas y los documentos que ha adquirido. —dijo el hombre con voz tosca mientras mantenía su puñal con fuerza.

—Ninguna clase de sufrimiento impedirá que se desenmascare su conspiración mundial. Nunca entregaré los resultados de mis investigaciones. —dijo Elí con firmeza restablecida en la voz.

El hombre mantuvo su posición detrás y agarró por el cuello a Elí mientras le hundió con todas sus fuerzas el plateado puñal por sus espaldas. Sin aliento, Elí se fue desplomando en el frío pasillo mojando con su sangre los documentos que estuvo leyendo.

—Con su muerte ya quedarán menos imbéciles que se oponen a la llegada de nuestro gran monarca mundial. —dijo el hombre retorciendo su puñal entre las entrañas de su víctima que sentía que le traspasaban el alma.

—No se saldrán con la suya, luego de la congregación de los hijos de dios, el juez retornará como piedra que derriba la imagen del que ustedes llaman su «Soberano Gran Inspector General y su dios» —dijo Elí balbuceando.

—Eso no sucederá, nuestro líder tiene todo bajo control —dijo el hombre mirando los moribundos ojos de Elí que yacía en el suelo.

—¡Jamás! —dijo Elí sin aliento y sin fuerzas.

Con su rol como periodista había captado la atención de grupos secretos asesinos que harían lo que fuera para lograr de forma desapercibida imponerse sobre la sociedad.

Elí desplomado a los pies de aquel asesino palideció y con dificultad respiraba poco. El hombre salió incógnito y apresurado con la capucha puesta conociendo que ya todos se habían marchado. La sangre de Elí seguía corriendo y en aquel momento de triste soledad, el periodista comprendió su terrible condición.

—«Dios mío…» —oraba Elí en su desesperación.

Su instinto le hizo sacar de su mochila un pañuelo que logró con esfuerzo ubicar con presión y dolor sobre su herida para así detener el sangrado. No tenía fuerzas en sus rodillas para incorporarse. Allí permaneció aturdido por media hora cuando recordó que llevaba en su chaqueta el teléfono celular y al tomarlo en su mano se oyó el eco del sonido de los zapatos de alguien que se acercaba. Era el guardia de turno de la noche que hacía su ronda de relevo. Al pasar por el pasillo y ver la trágica escena quedó perplejo y se lanzó con prisa a socorrer a Elí. Encaramado casi encima tomó el pulso de Elí y notó que aún estaba vivo.

—¡Señor reaccione! —dijo un guardia golpeando con nerviosismo las mejillas de la víctima para hacerle caer en sentido.

Elí abrió lentamente sus ojos y percibía de manera borrosa la silueta abarcadora del guardia.

—¡Emergencia, emergencia! ¡10-38! —dijo el guardia al tomar tembloroso su radio transmisor.

—Dame tu 10-20. —replicó el supervisor del guardia de turno a su compañero.

—¡Urgente! ¡Apresúrense! Aquí en el pasillo de la biblioteca, lado este. 10-200 por favor... —dijo el guardia.

Mientras llegaba ayuda, el guardia intentaba mantener a Elí consciente. Elí iba y venía en conciencia. Fue el momento cuando su vida se le fue de las manos.

*"La violencia es el miedo a los ideales de los demás".*

–Mahatma Ghandi

# 19

# Vivir para morir

El segundero del viejo reloj de pared se dejaba oír por el silencio de la alta noche en la mini biblioteca de la casa de Daniel quien se había quedado dormido entre sus papeles como de costumbre. Tenía el sueño tan pesado que ni siquiera escuchaba el timbre del teléfono que insistía en ser escuchado. Al terminar de sonar el timbre, Daniel quedó despierto por un momento pero aún casi inconsciente y atontado.

—«¿Dónde estará Elisabeth?» –pensaba Daniel soñoliento.

Sobre el escritorio estaban varios libros abiertos uno encima de otro, sin terminar de leerlos. Poco a poco el sueño retornó a sus ojos cuando escuchó el timbre de la puerta de esa mini biblioteca y escuchó la voz suave de Elisabeth...

—¡Amor!, toma el teléfono por favor. Tienes llamada. –dijo en voz baja.

Daniel aún entontecido, miró el reloj de la pared. Eran las 2:00 a.m. Llevaba sólo media hora de sueño interrumpido cuando tomó el teléfono.

—Señor, ¿Es usted Daniel Godwin? –preguntó un oficial.

—Sí señor, ¿qué sucede? –preguntó Daniel extrañado al saber que era la policía.

—Sr. Godwin, lamento interrumpirle pero necesitamos hablar con usted con gran urgencia. –dijo el oficial con tono muy serio.

—¿De qué se trata? –preguntó Daniel.

—Tenemos varias preguntas que hacerle. Necesitamos que salga de su casa pues estamos esperándole frente a ella. –dijo el oficial.

Daniel se levantó gruñendo pues sabía que no tenía nada que dialogar con los oficiales y tenía que madrugar para su trabajo. Él nunca tenía asuntos legales pendientes por lo que aquella llamada le causaba curiosidad.

Al asomarse a la puerta se dio cuenta que los oficiales lo esperaban y había uno de ellos parado junto a un auto *Cadillac* negro. El hombre permanecía de pie con celular en mano. Daniel notó que no eran oficiales estatales, sino que tenían uniforme de la *Interpol*. Elisabeth se había despertado y al ver los hombres bajó muy nerviosa las escaleras para acompañar a Daniel y conocer sobre que asunto indagaban. Elisabeth pudo notar la mirada inquisidora de un hombre de tez negra que interrogaba a Daniel.

—¿En qué puedo servirles? —preguntó Daniel intrigado.

—Señor, nosotros pertenecemos a la policía internacional. ¿Conoce usted al señor Elí Salem? —preguntó el afro americano oficial mientras sacaba su libreta de apuntes.

—Sí, seguro que conozco a ese buen hombre. Pero, ¿por qué me pregunta sobre él? —preguntó Daniel intrigado y a la vez mirando la identificación que ostentaba aquel uniforme.

—¿Qué clase de relación tiene usted con esa persona? —preguntó el oficial.

—Él es mi colega de trabajo. —contestó Daniel.

Luego de varios minutos de interrogatorio, el oficial le dio la terrible noticia.

—Señor, lamento decirle que su amigo ha muerto. —dijo el oficial mirándole a los ojos.

Daniel quedó como mudo cuando escuchó estas palabras, como si un nudo se entrelazara en su garganta. Su mirada se llenó de incredulidad y decayó su semblante.

—¿Muerto? —preguntó Daniel con nerviosismo, mientras Elisabeth lo abrazaba.

—Señor, su compañero fue asesinado de forma misteriosa en la Biblioteca del Museo de Londres. –dijo el oficial.

—Eso no es posible. –tartamudeó Daniel–. Si hablamos ayer en horas de la mañana. –dijo con voz casi sin aliento.

—Él fue asesinado, en el teléfono celular de Salem aparecía su número telefónico y es por este medio que hemos podido localizarle. –dijo el oficial.

Daniel estaba aturdido aún confundiendo la realidad con su sueño de hacía unos instantes. No podía creer la terrible noticia que le daban.

—Debe haber un error –insistía Daniel.

—Señor, nosotros pertenecemos a la *Interpol*, y velamos por la seguridad internacional. Tenemos noticias de un asesino en serie y necesitamos averiguar si su amigo es parte de las víctimas del mismo. Si tuviera alguna pista debe notificarlo lo antes posible. –dijo el oficial encarecidamente.

—Terrible noticia que me han dado. –dijo Daniel con sentimiento de dolor que no se apartaba de él–. Él era como mi hermano.

—Lo lamentamos mucho señor. Si usted conoce de algún enemigo de Eli Salem no tarde en comunicarse con nosotros. –insistía el oficial.

Aquella noticia estremeció a todos los amigos de Eli Salem y en el noticiero estaban todos incrédulos. Aquella noche Daniel no pudo dormir y trataba de encontrar una explicación al suceso sin fruto alguno.

Había pasado ya cuatro semanas del terrible suceso y Daniel aún no podía asimilar bien la realidad. Por su mente pasaban ideas confusas. La tensión y el desánimo se adueñaron de él. Se dirigió al antiguo escritorio de su fenecido amigo para recoger sus cosas. Entre los papeles que recogió había amplia documentación y libros que Daniel nunca había tenido oportunidad de analizar. Sobresalía entre sus libros uno titulado en inglés: *"Proofs of a conspiracy against all the religions and governments of Europe, carried on in the secrets meetings of free masons, illuminati and reading societies collected from good authorities"* cuyo autor era John Robison que databa de 1798. Daniel encontró documentales donde Elí Salem investigaba a D.A.R.P.A. y sus planes de desarrollo del MMEA *"Multiple Micro Electrode Array"*, una tecnología de colección de micro electrodos múltiples cuya meta era el control de la población por medio de un avanzado sistema de implantes de microchip que servían para interactuar con el cerebro humano.

Daniel tomó todos los documentos que pertenecían a Elí y los puso todos en una misma caja para guardarlos en su mini biblioteca. Él tenía la idea general de los trabajos que realizaba Salem, sin embargo, reconocía que se le haría difícil continuar su obra que era ampliamente reconocida y muchos seguían sus reportajes a través de la T.V. y la Internet Ahora sentía responsabilidad de continuar lo que su amigo una vez comenzó.

Aquella mañana Daniel decidió participar de la actividad en el anfiteatro de la universidad como parte de su trabajo como periodista. La universidad regularmente solía traer conferenciantes a dar charlas y presentaciones y aquel día no era la excepción. Daniel seguía el ejemplo de su fenecido amigo, escudriñando e investigando todas las cosas. Así que esa mañana decidió participar de oidor. Al llegar a aquel anfiteatro se ubicó en una remota silla que la multitud de estudiantes había ignorado por lo maltratada de la misma. Una mujer delgada y pasada en años cautivó su atención.

—¡Damas y caballeros! —dijo la presentadora dirigiéndose a los estudiantes que se habían dado cita en el arcaico anfiteatro—. Nuestro conferenciante, o mejor dicho panel de presentadores de nuestro tema de hoy, son los más consagrados seguidores de la sociedad teosófica fundada en el año 1875 por la sacerdotisa Helen Blavatsky, quien junto a otros grandes exponentes como A. Besant, A. Bailey y los grandes tibetanos quisieron difundir la más alta "*Sophia*"...

Mientras la oradora hablaba los alumnos y demás personas presentes pudieron notar que en las afueras del anfiteatro un grupo numeroso de religiosos hacían una protesta pacífica con "*posters*" y pancartas que decían: *"La filosofía de Blavatsky pretende destruir el cristianismo con un renacer hitleriano"*, *"La nueva era: una vieja mentira"*, *"Los espíritus guías son demonios anticristianos"*.

Los ánimos de los presentadores se caldearon cuando vieron la pacífica protesta. Sin embargo, buscaron cerrar las puertas y aislar a la audiencia de los que entretenían la atención de la gente.

La oradora atrajo nuevamente los ojos de la gente cuando levantó intencionalmente un letrero que mostraba un ejemplar de los libros *Isis Desvelada y la Doctrina Secreta*.

Ustedes mismos son testigos —dijo la oradora dirigiéndose al público—. Que nosotros solo exponemos sabiduría espiritual y como pudieron ver, grupos de fanáticos ignorantes pretenden estorbar nuestros currículos. —dijo refiriéndose a los cristianos que permanecían en su protesta afuera.

El rostro de uno de los tibetanos cambió de repente y su mirada parecía la de una persona en trance y mirando a los oyentes como si efectuara algún tipo de hipnosis sobre ellos cuando la presentadora le entregó el micrófono.

—¡Gracias! —dijo el tibetano tomando el micrófono— No presten atención a aquellos grupos de personas que se atreven a desafiar nuestros currículos. —dijo refiriéndose a los cristianos que aguardaban afuera—. Pronto el planeta utilizará todos sus recursos para limpiar las corrientes y energías negativas. Corrientes como las que hemos visto y somos hoy testigos. Hoy les presentamos las enseñanzas que prevalecerán en el mundo, luego que se extingan los fósiles cristianos. —su argumento provocó la risa entre un gran número de los allí presente.

—¿Qué tiene usted que decir sobre los que difaman el movimiento de la Nueva Era con la idea de una conspiración? —interrumpió la oradora con una pregunta que le pasó uno de los estudiantes en un pedazo de papel.

—Algunos nos acusan de traer la *"Conspiración de Acuario"* y están creando un estigma negativo de esas tres palabras, sin embargo, para nosotros dicha conspiración no se define como un complot en contra de nadie, sino que busca que el universo respire a la par en todo lugar al unísono. —dijo el tibetano mientras la gente aplaudía.

Daniel su puso de pie para marcharse al escuchar esta aseveración como si una sensación extraña y repulsiva se apoderara de él. Encontraba algo de hipocresía en dichas palabras. Recordaba las palabras de Elí que siempre afirmaba que aquellos que defendían la «era de Acuario» lo intentaban hacer por la fuerza, uniendo eslabones mundiales para ejecutar una horrenda conspiración. Daniel comenzaba a atar cabos, tenía pistas, evidencias y se estaba dando cuenta que dicha conspiración iba mas allá de "un espíritu que se respira junto en toda la tierra..."

Una inquietud comenzó a mover a Daniel hacia los viejos papeles que recuperó de su fenecido amigo Eli Salem. Las palabras del orador de la universidad le causaban una extraña sensación que le hicieron buscar el trasfondo de esas ideas. Allí entre los papeles, Daniel pudo encontrar que la Nueva Era que muchos pregonan hoy por diferentes medios, posee las mismas creencias que tuvo Hitler. Entre los descubrimientos que hizo Eli Salem, pero que ahora poseía Daniel, se encontraban estudios que identificaban que Hitler y la Nueva Era creían en el mito de la Atlántida perdida de quienes pensaban emanaba la sabiduría y la habilidad ocultista. Hitler y la Nueva Era proponían un rechazo a la sociedad moderna y un regreso a la economía de hace tres siglos. Exaltaban las creencias mitológicas de los indígenas y doctrinas de antiguas razas. Proponían la llegada de un superhombre que reinaría mil años y conduciría a un nuevo nivel de conciencia. Inculcaba el arrianismo. Entremezclaban ideas de la teosofía, sociedades secretas, la cábala, rosacruces y francmasones. Afirmaban odiar el catolicismo. Rendía homenaje a Elena Blavatsky y su *Doctrina Secreta*. Enseñaba la evolución y teoría de Darwin, así como una evolución espiritual. Creían en la reencarnación y en el *karma* y lo relacionaban con aspectos cósmicos. Vinculaban a la élite con fuentes gnósticas y herméticas de lo que consideran su sabiduría. Predicaban estilos de vidas vegetarianos y alternativos. Creían en el nudismo y en el establecimiento de comunidades rurales autosuficientes. Enseñaban yoga, astrología, hipnotismo y frenológica. Veneraban las enseñanzas ocultistas de Pitágoras. Enseñaban formas de adivinación. Practicaban la quiromancia. Enseñaba el microcosmo y el macrocosmo así como la posición del hombre en relación a esto. Creían en la auto-cultivación, alguna clase de meditación. Hicieron una mezcla del cristianismo con sus ideas místicas y ocultistas para dar paso a una nueva idea antagónica al cristianismo. Veneraban las prácticas mágicas. Adoraban la naturaleza. Pretendía exaltar la mitología antigua por medio de elementos alegóricos modernos. Eran antisemitas. Exaltaban ídolos paganos. Enseñaba nexos ocultistas entre plantas, números, colores, sonidos y minerales. Creían en la pureza racial por medio del sexo ocultista. Enseñaban que los cuatro elementos básicos del planeta eran: fuego, agua, aire y tierra. Proponían un retorno casi inmediato al paganismo versus el cristianismo en la sociedad, siempre buscando reemplazar la cruz por la esvástica. Estos fueron algunos de las semejanzas encontradas por Daniel Godwin entre el nazismo y la Nueva Era moderna promocionada por diferentes gobiernos y los medios de comunicación.

Daniel se propuso ir al apartamento donde una vez entrevistó al anciano Alexander Deike. Al llegar al lugar, tocaba el timbre sin fruto alguno.

—Señor, ¿qué desea? —le preguntó una anciana que se acercó sin que Daniel lo notara.

—Sí, necesito ver al Sr. Deike. —dijo Daniel.

—El Sr. Deike ya no vive en este lugar. Hace varias semanas que nadie sabe de su paradero. —dijo la anciana.

Daniel guardó silencio. La anciana se fue alejando sin decir más palabras. Los intentos de Daniel de conseguir el destino de Alexander Deike fueron infructuosos.

*"Todo poder es una conspiración permanente"*.
—Honoré de Balzac

# 20

# Morir para vivir

Elisabeth se fue acercando cada día más a los caminos de la fe. En cambio, Daniel Godwin se fue apartando de la fe aun conociendo los tiempos peligrosos en los que vivía. Tal parecía que la vida de Daniel era semejante al hielo frágil que se quebrantaba delante de sus propios ojos. No toleraba tanta angustia, y decidió tratar de olvidar su pasado. Se trasladó desde Nuevo México a Puerto Rico donde trató de vivir en paz. Los recuerdos lo atormentaban en todo lugar que iba. No cumplió su promesa de estar con Elisabeth para siempre.

Sucedió de repente, Daniel nunca más volvió a verla. Fue como si el cielo hubiera halado a mucha gente, entre los cuales ella estuvo presente. Se corría la noticia en la ciudad de la desaparición de millares de gente de una forma misteriosa. Padres buscaban a sus hijos de forma desesperada. Un caos social aterrorizaba a mucha gente al no conocer el paradero de sus familiares.

De pronto, antes que Daniel pudiera tan siquiera ponerse a salvo, comenzó ver en la sociedad el levantamiento social de millares de soldados exhibiendo uniformes los cuales llevaban la esvástica como insignia. Las ciudades pasaron del sosiego y la tranquilidad a ser estados ocupados militarmente. Aparecieron de repente, como si todo hubiera sido de antemano planeado de forma minuciosa. Las tinieblas cubrían toda la tierra, eran los pasos de hierro del ejército de los hijos de la esvástica que habían regresado con la fuerza del mismo infierno. Millares de soldados salían de partes escondidas de la tierra donde tenían sus bases militares las cuales pasaron inadvertidas ante los ojos de todos. Todos andaban en legiones imponentes, todos obedientes al mandato de su líder al que consideraban su dios. A los soldados se les ordenó conducir a la sociedad a la obediencia. Debían rastrear a los humanos con la marca impuesta por el dictador mundial. Todos aquellos que no poseían el sello e insignia que los identificaba con la nueva dictadura mundial deberían ser asesinados. Las calles estaban todas rodeadas por complejas redes de nubes inalámbricas las cuales estaban conectadas a satélites de control en el cielo. El ojo del satélite dirigido por una computadora central observaba e identificaba a aquellos por medio de sus múltiples tentáculos colocados en cada esquina de las calles en las ciudades y en lugares inimaginables. Cada movimiento de los humanos era rastreado a la distancia por parte del sistema del dictador. Los gobiernos habían instalado millares de cámaras en lugares secretos que desde un comienzo respondían a un sistema de seguridad nacional, pero que ahora era usado para el control total de todas las naciones. En cada esquina y en los lugares menos imaginados estaban los artefactos y tecnologías dispuestas a delatar a todas sus víctimas. Las ciudades habían sido sitiadas desde su interior sin que siquiera lo notaran. Cuando trataron de reaccionar, fue el momento que ya estaban los soldados invasores imponiendo de forma brutal sobre todos aquellos a quienes consideraban diferentes e inferiores. Los soldados adoradores de la esvástica se presentaban con aspecto aterrador. Parecían cuerpos muertos en cuyo interior moraban legiones de demonios llenas de odio racista, el producto de un plan secreto que resucitaba *Lebensborn*. Sus ojos parecían llamas de fuegos encendidas por los demonios en su interior. No había expresión de dolor o espanto en sus rostros y venían con el único propósito de asesinar a todo aquel que no hubiese recibido la marca del líder mundial.

En medio de la calle, un niño trigueño de ropa acicalada se acercó a Daniel.

—¡Oiga Señor!, ¿busca a alguien? —preguntó el niño mientras bajaba por un trayecto cerca de la carretera donde Daniel pretendía pasar desapercibido.

—¡Ah! —miró Daniel al niño sorprendido sin saber su procedencia.

—¿Que si busca usted a alguien? —recalcó el niño con mirada fría.

—¿Eres de este lugar? ¿Dónde están tus padres? —reaccionó Daniel nervioso.

—Ellos se fueron y me dejaron. —dijo el pequeño aturdido poniendo su mirada al cielo.

—¿Se fueron? ¿Adónde? —preguntó Daniel intrigado.

—Se fueron en la puesta del sol. ¡El sol se los llevó! —exclamó el niño con mucho dolor.

—¿Qué estás diciendo, niño? Déjate de enigmas, ¿qué edad tienes? ¿Cuál es tu nombre? —preguntó Daniel postrándose al mismo nivel del niño.

—Doce años señor. Me llamo Carlos —contestó.

—No debes andar por aquí solo, te pueden hacer daño. —dijo Daniel dirigiendo al niño fuera del camino como buscando ocultarse.

—¿Acaso no sabes que vivimos en una nueva sociedad libre de violencia? —preguntó Carlos.

—¿De qué hablas? —inquirió Daniel sorprendido.

—Observa… —dijo Carlos mostrando su mano derecha donde tenía la marca de la esvástica y donde le habían implantado un microchip debajo de la piel—. Esta marca me protege de los que puedan hacerme daño alguno. ¿Acaso no la tienes aún? —preguntó—. Todos debemos poseerla. —dijo mirando de forma inquisitiva la mano y la frente de Daniel.

Daniel estaba confundido y sin aliento pues se sentía se sentía desorientado por las calles. En los escaparates de la ciudad se podían notar televisores encendidos que mostraban que no era mera cosa local la realidad que lo envolvía en asombro sino que al parecer se repetía el mismo escenario en todas las naciones. La confusión se aumentaba en su cabeza.

—Niño dime, ¿dónde están tus padres? —indagó Daniel nuevamente.

—¿Usted no es de aquí verdad? —preguntó Carlos notando la actitud desorientada de Daniel—. ¿Acaso no sabe que miles desaparecieron?

Daniel comprendió que estaba en la gran tribulación mencionada en los libros sagrados. Su semblante decayó al observar aquel lugar.

—Parece que estás algo asustado, ¿qué le sucede? —preguntó Carlos al ver la mirada sin rumbo de Daniel.

—Nada, niño, nada... —dijo Daniel queriendo esquivarle—. ¿Dime con quién vives ahora? —interrogaba al niño caminando por una calle solitaria de la ciudad.

—El gobierno se hizo cargo de mí. Vivimos en hogares de los de mi edad. Allí nos educan y nos enseñan a ser hombres de bien así como el gran líder. Él nos provee todas las cosas para sobrevivir. Es un buen hombre digno de reverencia. —dijo Carlos homenajeándolo con palabras—. Él es nuestro más grande modelo, dentro de nuestra casa de miles de niños y jóvenes. Allí nos enseñan sobre todas las cosas.

—¿Y qué explicación les dan sobre la ausencia de tus padres? —cuestionó Daniel.

—Los maestros sólo dicen que la tierra fue purificada de corrientes negativas que entorpecían el progreso mundial. —contestó Carlos.

Pronto Daniel se daría cuenta que todos los pensamientos de la gente que lo rodeaba giraban en torno a la obra de ese líder del cual el niño tanto hablaba. Todo alrededor evocaba la admiración de este hombre como una clase de extraña adoración. La propaganda más intensa que cualquier líder político jamás haya visto. Tanta pesadez en el ambiente hizo que Daniel se sintiera exhausto.

—¿Necesita ayuda señor? Usted se ve como si le faltara aliento. —dijo Carlos al contemplar el agobiado y pálido rostro de Daniel.

—Niño me puedes traer agua. —dijo Daniel en tono de súplica—. Aquí tienes un dólar. —le ofreció.

—¿Para que quiero ese dólar? —preguntó Carlos—. Aquí no se compra con monedas, solo se usa la marca que nos ha dado el líder.

El niño nuevamente le enseñó la extraña marca a Daniel y se dirigió a una vieja tienda dejándole a la distancia y allí entró. El niño habló algunas palabras con los que allí estaban mientras que Daniel observaba de lejos. En cuestión de varios minutos regresó con una botella de agua.

—Aquí la tiene señor. Pero le diré que si no hace lo mismo que yo, no sobrevivirá aquí. —le advirtió Carlos.

—Despreocúpate niño. ¡Gracias! ¡Que Dios te bendiga! —dijo a manera de sutil negación.

—No diga eso. No mencione esa palabra. —se apresuró el niño.

—¿Cuál? —indagó Daniel.

—«Dios», —susurró el niño—. El líder no tolera que se mencione otro dios que no sea él, así dice el juramento de lealtad.

Daniel se alejó de aquel muchacho tan pronto pudo, buscando como cualquier pordiosero un lugar apartado para guarecerse. Allí meditaba en las palabras que pastor David Lewis le repetía una y otra vez sobre el sistema político anticristiano que se levantaría luego del desaparecer de la iglesia. Daniel se dio cuenta que no poseía la marca y que debía alejarse de aquellos que la poseían. Recordaba claramente las palabras en la iglesia que insistían que aquellos que se dejaran marcar perderían la salvación eterna.

—«¿Qué es esto que estoy viviendo? Esta es la hora de los hijos rebeldes. ¿Cómo es posible que yo me encuentre aquí en esta hora?» —se cuestionaba Daniel angustiado.

Por un momento casi pierde las fuerzas de sus rodillas y se postró en suelo poniendo sus manos sobre su cabeza como queriendo escapar de la realidad que le rodeaba. De pronto se oyeron unas voces de gente que venía cerca del lugar donde estaba Daniel quien logró ocultarse tras una vieja casa destruida que permanecía en aquel lugar.

—¡Niño, ¡dinos!, ¿Dónde está el hombre sin la marca? —indagó un cantinero mientras sus compañeros observaban a todos lados.

—¡Allí estaba señor! —dijo Carlos señalando la calle—. Pero se fue apresuradamente no sé a donde.

—Recuerda esto, si ves a alguien que no posee la marca debes notificarlo. Es por tu seguridad y la de todos. —le advirtió el cantinero.

—Como usted diga, señor. —asintió Carlos con la cabeza.

Mientras tanto, Daniel estaba inmóvil allí donde escuchaba temeroso y asustado detrás de unos árboles esperando que los hombres se alejaran. Daniel aguardó que oscureciera un poco para poder moverse de aquel lugar y pasar desapercibido. De esta forma tuvo que alejarse de la ciudad y andar como prófugo escondido entre las orillas de la carretera que conducía a la ciudad. Su preocupación era que le forzaran a ponerse esa marca en su piel. El reconocía que una vez unido a este sistema no había vuelta atrás, sino que sería preso perdiendo toda libertad tanto física como espiritual.

De camino, cada pensamiento de Daniel le parecía pesar sobre su cabeza y le atormentaban las voces y predicas que de antemano le advertían de los peligros que ahora se habían convertido en realidad. Predominaba una sensación de vacío y desesperanza. Ahora, los compañeros de camino parecían ser el miedo, la angustia y el terror. Daniel Godwin tendría que sacar fuerzas de donde no tenía. Esforzarse por llegar a algún lado pero, ¿dónde? No poseía amigos allí. Tanta fue su angustia que pensó en un momento desistir y rendirse pero de pronto...

—¡Oiga señor! —gritó Carlos descubriendo a Daniel que caminaba intentando pasar por desapercibido.

—¡Shhh! —susurró Daniel—. Niño calla. —le pidió—. ¿Por qué has de descubrirme? —preguntó.

—Todos le buscan, piensan que es una amenaza a la sociedad por no estar sujeto al dictamen y orden del estado. —dijo Carlos mirándole con recelo.

—¡Niño, ven!, —dijo Daniel agarrando al niño por los brazos haciéndole esconderse—. ¿Qué necesidad tiene de seguirme? Yo no te he hecho nada. —decía demandando privacidad.

—Solo me sentí responsable y creí que debía decirlo. ¿Por qué es tan importante para usted no obedecer las leyes? —indagó Carlos.

—Yo no desobedezco las leyes, solo no pertenezco al sistema. Es un asunto personal de mis creencias. —dijo Daniel pretendiendo pasar por desapercibido.

—Oh, ¡Ahora entiendo! —exclamó Carlos—. Ya sé, usted está huyendo por su ideología. Pues la mayoría de la gente que conozco que posee esas ideas diferentes como las suyas las están llevando a unos campamentos para educarlos.

—¿Educarlos? ¿Quién te dijo eso? —indagó Daniel con curiosidad.

—Eso me dicen a mí mis tutores. Que han llevado miles de personas aquí y en el mundo entero a unos nuevos centros de enseñanzas similares. —dijo Carlos con ingenuidad.

—Niño, ¿hay algún centro de esos aquí? —preguntó Daniel.

—Sí, hay uno. Está a media hora de camino al centro de la ciudad. —le aseguró el niño.

Daniel se quitó el reloj que adornaba su mano izquierda y se lo ofreció al niño.

—Niño, te daré este reloj que poseo si me llevas a ese lugar sin ser visto. —dijo Daniel.

—Yo nunca he ido a ese lugar, solo sé lo que me dicen. Además, si usted desea ir, sólo tiene que pedírselo a los que lo andan buscando; ellos con gusto lo llevarán. —dijo Carlos.

—Eso no lo dudo. Pero corro peligro en este lugar. Quiero que sepas una cosa. Este sistema no es lo que tú piensas. No están llevando a esos cristianos a ese lugar para educarlos. Presiento que los están llevando allí para deshacerse de ellos. —dijo Daniel.

—¿Qué dices? ¡Se ha vuelto loco! —exclamó Carlos.

—Es la verdad, si no me crees tienes que venir conmigo. —dijo Daniel dejándose llevar por su instinto.

—No le creo una sola palabra, ¿porqué habrían de eliminarlos? ¡El líder mundial no le haría daño a nadie! —dijo Carlos con seguridad tambaleante.

—Esa apariencia de piedad y de la cual te han lavado el cerebro es sólo una máscara para encubrir sus verdaderos motivos de tiranía. —dijo Daniel pretendiendo apercibir al niño.

—¡Cállese! —gritó Carlos—. Por ser tan difamador es que te escondes entre la maleza como los animales del bosque. —dijo de forma austera.

—Niño, escucha por favor. —insistía Daniel en hacerle reaccionar.

Daniel intentaba callar al niño que ya poseía la esvástica y el microchip. El niño le dio la espalda y se disponía a marcharse de aquel lugar.

—Nada tengo que escuchar de usted. El líder mundial es un buen hombre y usted es un vil mentiroso. —dijo Carlos con cara ofensiva y lleno de una ira muy extraña.

—Pero niño, ¿no te das cuenta que no has vuelto a ver a ninguno de los que se fueron allá? —Daniel le apercibía pretendiendo haciéndole reaccionar.

—Te diré una cosa, largo de aquí o haré que todos vengan a buscarte ahora mismo. —dijo Carlos amenazándole.

Daniel se marchó muy entristecido a causa de la actitud de aquel niño. Se fue tan apresuradamente como pudo, mientras Carlos retornó a la carretera algo confundido y con muchas preguntas en su interior. Dudaba de todo y sentía que su mente era invadida por extrañas influencias. Como si aquel artefacto que poseía en su cuerpo fuera capaz de colocar emociones de ira y furia en su interior. Aún con su corta edad, era un chico muy inteligente como para descubrir las cosas por él mismo.

Carlos se propuso conocer la verdad sobre los supuestos centros de educación a donde llevaban a los no sellados. Esperó el tiempo y el momento necesario para esconderse en uno de los camiones militares que continuamente iban y venían a ese lugar solitario. Esa calurosa noche la pasó desapercibido y escondido debajo de un toldo que usaban para cubrir la parte trasera de un camión y su caja. Allí Carlos pudo ver que transportaban armamento. Por la mente de Carlos se creó la duda si se dirigía al centro de educación o si se había equivocado de camión. Tenía mucho miedo pues pensaba que lo dirigirían a otro lugar que no planeó ir. El camión llegó al lugar determinado y allí se estacionó. El conductor entró al edificio que estaba fuertemente custodiado en la entrada. Carlos se las arregló para bajarse del camión sin ser visto y llevó consigo un arma de las más pequeñas que encontró en aquel lugar, sin embargo, no sabía cómo usarla y la guardó con nerviosismo dentro de su chaqueta. El niño se alejó lo más que pudo de la entrada donde estaban los guardias y vigilantes y se arrimó por la parte trasera del edificio. Pensaba que era una aventura este riesgo que se estaba tomando.

De pronto, Carlos comenzó a oír voces que salían del lugar de cuatro paredes. Al acercarse pudo ver una terrible escena. Un hombre estaba siendo lastimado sobre manera, de parte de unos soldados y gente vestida del ejército con emblemas de la esvástica, mientras centenares de gente encadenada esperaba su turno en una larga fila.

—¿No has entendido? —gritó un alguacil alta voz—. ¿Qué piensas hacer? —decía de forma violenta y enfurecida.

—¡No retrocederé, entiéndelo! —gritó un hombre de rodillas e indefenso.

—¿No retrocederás? Pues entonces tendrás tu final. —advirtió el alguacil con odio mientras preparaba su arma.

Carlos escuchó el sonido como cuando cae un objeto pesado de metal y da contra el duro y sólido suelo. Al mirar vio como se desplomaba un hombre al suelo herido de muerte sangrando por su cabeza. Carlos se lanzó de espaldas sobre la tierra en la maleza donde estaba escondido. Mordió fuertemente para no gritar. Su corazón se le quería salir del pecho y estaba empapado de sudor. Ese no era el tipo de clases que le habían dicho que llevaban a los no sellados. Al moverse se dio cuenta que se repetían actos similares contra otras personas que allí entraban custodiados por soldados. A aquellos oficiales no les importaba degollar a sangre fría a indefensos hombres, mujeres, niños y ancianos que no aceptaban ponerse la marca del nuevo orden mundial. Al ver la escena se sintió traumado al ver cientos de cadáveres de paisanos tirados en el suelo en grupos de veinte o treinta, puestos unos encimas de los otros y desnudos; exhibían el martirio triste e inhumano. La sangre se extendía como gran mancha que mojaba los pies de las víctimas y testigos.

Carlos pretendió salir de aquel lugar a toda prisa y muy nervioso buscaba alejarse hacia la carretera.

—«Quizás aquel hombre tenía razón» –meditaba Carlos–. «Quizás nos están engañando; debo encontrar ese hombre doquiera se encuentre, no creo que él haya ido muy lejos»

Unos minutos después se escuchó el sonido de un camión que venía a toda prisa por la carretera y Carlos no pudo evitar ser visto por el conductor. Era el alguacil, quien se detuvo cerca del niño mientras que el humo que salía del vehículo creó una neblina que se mezclaba con el polvo a su alrededor. El niño quedó petrificado al ver quien era el conductor. Era uno de aquellos verdugos que oprimían de forma violenta aquella gente indefensa. Carlos, con todo el nerviosismo, buscaba la forma de no darle a conocer al hombre las cosas que había presenciado.

—Niño, ¿qué haces allí? —preguntó el alguacil al verle acercarse a la carretera—. Dime, ¿qué hace un niño solitario como tú en estos lugares? Sabes que no debes estar cerca de este lugar. Este lugar es un lugar de corrección de presidiarios. No te conviene estar cerca, es peligroso. Dime, ¿de dónde vienes y adónde vas? —dijo en tono serio.

—Nada señor. —titubeó Carlos—. Solo vine a visitar a mi familia pero me perdí en el camino a causa de un charlatán que me desvió del camino. —dijo asustado.

—Debes tener más cuidado. —le advirtió el alguacil—. Te llevaré a la ciudad. Allí estarás seguro.

Carlos no pudo negarse a entrar en el camión para no dejar notar el terror que sentía. El temor le hacía quitar la miraba de aquel hombre que conducía otro camión militar semejante al primero en cual vino. Su aspecto era implacable y grotesco.

El niño sentía que aquel hombre lo miraba con sospecha o quizás era su propia conciencia.

—Niño, no quiero volver a verte cerca de ese lugar. ¿Está claro? –le advirtió el alguacil.

—Muy claro señor. –contestó Carlos.

—¿Tú posees la marca, niño? –inquirió el fornido alguacil.

—¡Sí señor! –contestó tristemente Carlos.

—¿Acaso no estás contento de estar protegido por el sistema? –preguntó el alguacil al niño al ver sus apagados ojos.

—Sí, lo estoy señor. Lléveme a casa señor. –insistió Carlos con timidez y espanto.

—Ya casi llegamos. –dijo el hombre.

El alguacil dejó al niño en la ciudad donde él le dirigió y afirmó que vivía. Era una casa vieja y solitaria en la misma entrada al pueblo. Allí se bajó de forma apresurada de aquel vehículo militar de los años ochenta. Bajarse de ese M813 no le hizo sentir seguro, pues se veían de forma imprevista gran cantidad de Hummer M998 manchadas de verde, negro y gris, que transportaban multitudes de gente hacia aquel terrible destino.

Carlos todavía tenía el corazón en la mano al pisar el suelo frente a aquel hombre que carecía de expresión en su rostro.

—¿Aquí vives? –inquirió el alguacil.

—Sí señor, aquí en este viejo apartamento. Gracias señor. —dijo Carlos señalando un viejo edificio de los más antiguos de la ciudad.

—¡Adiós! —dijo el alguacil alejándose en el camión lentamente.

Una vez solo, Carlos hizo como que iba a entrar a su casa, mientras el estruendoso camión desapareció de su vista. Él pretendió volver al camino donde había conversado con Daniel a esa hora tarde en la noche.

—«Tengo que encontrar a ese hombre» —Carlos hablaba consigo mismo—. «Tengo que decirle que él tenía razón, cosas extrañas están pasando»

Luego de largo camino de viaje, estaba extenuado y ya muy cansado. Cerca de la 1:00 a.m., las piernas de Carlos no aguantaban más. Allí quedó dormido debajo de un árbol adentrado en el campo y en lugar solitario. Utilizó una roca de almohada y se cubrió con su vieja chaqueta. Agarró fuertemente el arma que había tomado del camión y la apoyó sobre su cuerpo.

Una hora más tarde, Daniel andaba como prófugo cuando notó el pequeño cuerpo del niño que yacía en aquel lugar.

—¡Niño!, ¡Ey, despierta! —exclamó Daniel sorprendido—. ¿Qué haces aquí? —preguntó al verle en aquellas condiciones.

Carlos se despertó asustado con el arma en la mano y a la misma vez asustó a Daniel que al ver su arma pensó que el niño no tenía buenas intenciones.

—Estuve buscándole. —afirmó Carlos.

—¿Me entregarás a los que me buscan? ¿Qué harás? —preguntó Daniel con cara de desconsuelo.

—No, no he venido a entregarlo. —contestó Carlos—. He venido porque creo que usted tiene algo de razón en lo que me dijo. Yo fui personalmente al lugar donde supuestamente están educando a los no sellados y allí pude ver que…

El ruido de gente que se acercaba interrumpió abruptamente la conversación.

—Alguien viene, ¿le comentaste a alguien que vendrías? —preguntó Daniel dudando.

—¡No señor!, nadie sabe que vendría. —recalcó Carlos.

—Entonces, ¿qué es eso que escucho? —dijo Daniel refiriéndose al murmullo de los que se acercaban.

Daniel y Carlos vieron que venían cinco personas armados bajando por su trayecto cerca de la carretera. Cosa que no era común pues nadie caminaba por allí a menos que tuviera el mismo propósito que Daniel, esconderse de los demás. Daniel salió apresuradamente de aquel lugar.

–¡Vámonos! –gritó Daniel–. Agarró por una mano a Carlos y con prisa intentaron alejarse de esa gente.

La única salida que poseían era el río. Así que se dejaron deslizar por la ribera donde encontraban algo de seguridad, excepto por las enormes cascadas que habían en la zona montañosa a la cual se dirigían.

–¿Sabes nadar? –preguntó Daniel sosteniendo al niño por el brazo.

–Solo sé un poco. –dijo Carlos titubeando.

–Si esa gente viene con las intenciones que creo, entonces es mejor que aprendas pronto. –le advirtió Daniel.

Ellos se movían a toda prisa esquivando rocas, madera seca y maleza que amarraba sus pies al charco.

–¿Qué crees que les motive a venir hasta acá? –inquirió Daniel.

–Quizás saben que tomé esta arma de un camión donde fui a investigar sobre lo que usted me estaba hablando. –dijo Carlos angustiado.

–Carlos sacó el arma, una *Detonic Combat Master* .45 que parecía estar aún caliente, y la mostró a Daniel. La mirada de Daniel no podía escabullirse de su incredulidad.

–Entonces, ¿de verdad fuiste allá? –preguntó Daniel mientras caminaban cerca de la ribera.

—No te gustará saber lo que vi allá. —contestó Carlos bajando su mirada.

Un gran estruendo de un disparó interrumpió su conversación y puso los pies de los dos fugitivos a correr por el pedregoso río. No era fácil desplazarse en aquel lugar donde habían unas piedras enormes, pero a la vez le servían de escudo frente a los que venían tras ellos.

—¡Corre, niño, corre! —exclamó Daniel apurándole desesperadamente.

—¡Avanzo todo lo que puedo! —dijo Carlos casi sin poder respirar—. Debemos usar el arma para defendernos.

—¡Nada de eso! ¡Sólo corre! —se perdía el sonido de la voz de Daniel.

Al avanzar por el río se dieron cuenta que no podrían avanzar mucho. Había una cascada de cincuenta metros de alto, lo suficiente como para hacerles pensar en rendirse, pues no estaban seguros de lo que encontrarían abajo, agua o roca. En el mismo borde de la cascada ya los estaban esperando los perseguidores que parecía se habían multiplicado.

—¿Pensaban que podían escapar y burlarse de nosotros? —preguntó un hombre en alta voz cuando se detuvieron a causa de lo fatigado de la persecución.

—¿Por qué nos persiguen? —preguntó Daniel escondido entre las grandes piedras.

—Solo es un asunto de investigación, así que no tiene porque huir tan despavorido de nosotros, no le haremos daño. —dijo el hombre mostrando cara de astucia.

—Quiero que sepa que no tengo la voluntad para doblegarme ante su sistema. —dijo Daniel con voz firme, pero a la misma vez sin aliento.

—Creo que no le queda más remedio. Yo usted lo pensaría dos veces. Pues no creo que tenga otra carta que jugar para poder sobrevivir en la sociedad. —dijo el perseguidor mientras varios hombres le apuntaban con armas largas.

—¡Ni aunque me mate me retractaré de mi manera de pensar y de creer! —exclamó Daniel.

—Entonces, creo que ya hemos hablado bastante con usted. —decía el hombre a punto de tirar del gatillo.

El hombre del arma haló del gatillo a la vez que los pies de Carlos se movieron a toda prisa en la posición de Daniel  empujándole sobre el precipicio de la cascada. El niño fue atravesado en su costado por la bala caliente que lo hizo caer como tronco pesado al suelo.  La vida se le escapó en un segundo. Daniel del ímpetu del impulso del golpe se fue de espaldas cayendo cascada abajo. Daniel no tuvo tiempo de reaccionar frente a esta tragedia cuando cayó por suerte en agua profunda que lo refugió en ese momento para escaparse de los que disparaban contra él. En su mente la escena trágica de ver a ese niño morir dos veces. La primera muerte fue cuando se entregó al sistema de la esvástica y la segunda en manos del mismo sistema. Parece que se le multiplicaban los dolores y los pesares en cada instante, lo suficiente para hacerlo desmayar de falta de aliento. No había descanso ni un segundo en este momento de su vida, buscaba la paz pero parece que ella había hecho un pacto para nunca más dejarse notar en su vida. Bien quería morir, pero la muerte huía de él. Cada paso que Daniel daba en el fango parece que aumentaba el peso de sus dolores. Cayó rendido entre las rocas del camino; rocas que eran suficientemente grandes para recostarse, no para descansar sino para compartir su tragedia. De espaldas, le recibió el sólido suelo mientras que la naturaleza parecía compartir con él este momento de tribulación. Su mirada se dirigía a lo alto desde donde cayó y donde estaban sus "omnipresentes" perseguidores que le dieron por muerto. Parecía que estaban en todo lugar y en cada rincón en ese momento. La mirada de Daniel se llenó de asombro espantoso que lo hacía sentirse paralizado entre el fango, el agua, la multitud de rocas y los restos de maderos secos que abundaban en el lugar y le servían de lanza mortificadora en sus piernas. Él quería poder escapar de la angustia y el recuerdo que le heredó Carlos; ese preadolescente que recién acababa de abandonar su niñez para entregarse por rebeldía a la tragedia de vivir sin Dios; y recibir el fruto de su desvarío en el tiempo más angustioso que jamás ha existido. De seguro, Carlos no sería la primera ni la última víctima de la boca feroz del destructor que se imponía esta vez de manera social, tomando forma de gobierno jerarquizado de forma terrenal y sometiendo a todos los hombres de la tierra a cumplir sus designios. Niños, jóvenes, adultos y ancianos serían las presas favoritas de la furia de los soldados desoladores que los haría entregarse y aborrecerse unos a otros sin poder comprender la ceguera que los envolvía en su egoísmo y racismo, las causas del deterioro de toda sociedad.

Pronto la ropa de Daniel comenzó a deteriorarse y sus rodillas estaban al descubierto y lastimada su piel del roce con la dura piedra. Daniel se levantó pues no tenía mucho tiempo para escaparse de la mucha insistencia que poseían los del sistema. Continuó su camino pero usando la astucia. Tendría que usar su intuición para determinar de antemano lo que esperaban sus perseguidores para no caer en tonta emboscada. Decidió no seguir río abajo sino que se introduciría en el bosque más virgen que encontrara, para así hacer difícil su captura. Rumbo al bosque se adentró en la zona más accidentada de la cordillera procurando dirigirse al mismo centro. Podía notar de camino que abundaba la roca color fuego bajo de sus pies. Y había una combinación de colores que variaban de rosa a blanco en dirección al mogote donde se dirigía el solitario y errante. Quién diría que a tan corta edad él se convertiría en un ermitaño sin rumbo entre la roca caliza, en una lucha por supervivencia. Luego de caminar muchas horas con cortos e intercalados lapsos de tiempo de descanso, por fin se adentró en un lugar que parecía ser de refugio. Un lugar donde predominaba una extensa planicie, a la vez que le permitía ventaja de poder visualizar a distancia a todo aquel que se acercara al lugar.

El lugar parecía una mina abandonada donde predominaba el jaspe, cuarzo, mármol y otros minerales. Un buen lugar donde pasar la noche, y la naturaleza se mostraba dispuesta a suplir la necesidad del hambre de forma espontánea en ese apartado campo.

Pronto Daniel se dio a la tarea de explorar el interior de la mina que colindaba con una caverna natural para acomodarse en tanto buscaba un nuevo refugio. En el fondo se notaban los restos de viejos instrumentos de trabajo que perecían por el moho y el olvido. Antiguas tinajas mitad quebradas permanecían como mudo recuerdo de lo que una vez fue un lugar muy activo y de interés. La caverna era algo extensa y al fondo se asomaba luz que provenía de algún agujero. Allí en esa vieja mina que se confundía en una enorme caverna oculta...

Daniel continuó explorando el interior de la caverna cuando de pronto escuchó un ruido extraño, parecía el sonido de machetazos golpeando sobre una superficie frágil. Pudo notar que no estaba sólo en aquel lugar. Un viejo hombre de apariencia descuidada se acercó a él cargando sobre sus hombros un saco de cocos ya pelados.

—Parece que no tiene otro lugar donde ir. —le dijo anciano con voz tosca y de forma indiferente y sin alguna expresión o reacción de su parte.

—¡Hola!, perdone que me introduje en este lugar sin su aprobación. —dijo Daniel.

—No se ocupe, este lugar no pertenece a nadie. —le dijo el viejo hombre.

—Me llamo Daniel, ¿y usted? —preguntó con atención.

—Llámeme Marcos, ese es mi nombre. —dijo el anciano mostrando algo de indiferencia ante la inesperada visita.

—¿Y ésta es su morada? ¿Qué lo hace vivir aquí? —le cuestionó Daniel adentrándose en la muy poca alumbrada caverna donde se divisaba un gran espacio interior que era recorrido por una brisa fría sobre terreno húmedo.

—Es un estilo de vida que decidí vivir un día. Fue el momento cuando me sentí hastiado de la industrialización social, la vida acelerada y de toda contaminación desconsiderada en el ambiente. Y como si fuera poco arribó el sistema del dictador que quiere que todos se sometan como máquinas a sus designios. —dijo Marcos con desdén en la expresión de su rostro.

—¡Vaya!, Entonces usted también le huye al dictador. —dijo Daniel con sorpresa.

—En cierta forma, pero llegué a este lugar antes que él arribara al poder. —comentó Marcos.

—Yo he venido a este lugar porque he sido objeto de una persecución terrible. Tuve que luchar contra las corrientes del río. —dijo Daniel con expresión de agotamiento.

—¿Los soldados de la esvástica? —preguntó Marcos con mirada perniciosa.

Marcos conocía que grupos de perseguidores en este tiempo se habían tornado horrendos en sus maquinaciones contra la sociedad.

—Sí, esos mismos, ¿le han perseguido a usted también? —preguntó Daniel con expresión de sorpresa.

—Me he mantenido lejos de la ciudad. Como ve, me oculto en los montes. Personas que han venido aquí huyendo aseguran que esos soldados llevan la muerte por todo lugar. Se trata del más acérrimo de los racismos. Son personas que le sirven a los intereses de los ricos. Pretenden marcar a todos como a esclavos con un extraño artefacto. De esta manera nadie se les escapará. Pueden asesinar a los que ellos deseen y vienen a imponerse por medio de la violencia. —dijo Marcos.

—¿Y cómo usted hace para sobrevivir en este lugar aislado? —indagó Daniel.

—Ya ves, vivo de las cosas silvestres. —dijo Marcos señalando pequeñas siembras de verduras laboradas por sus propias manos—. Te advierto una cosa, si decides permanecer aquí, entonces te conviene aprender a cultivar la tierra de forma clandestina y evita ser visto por los de la ciudad. Y tómalo como una gran advertencia, si me das problemas, entonces, considérate fuera de la caverna. —dijo con tono muy serio.

—Despreocúpese, no soy la clase de persona que se mete con nadie. —dijo Daniel sentándose en un rincón—. El hecho que esté en este lugar no significa que sea problemático, sino que así como usted, poseo mis creencias y éstas, están en confrontación con la de mis perseguidores. —le aclaró.

—¿Y qué necesidad tiene usted de acercarse a la ciudad? —indagó el viejo hombre.

—Al momento ninguna, sólo que me preocupa toda esa gente que están cayendo en las redes de la muerte. —dijo Daniel con mirada triste.

—¿Y qué pretende? ¿Acaso piensa que nadie debe morir por ninguna razón en la sociedad? —preguntó Marcos con mirada de incomprensión.

—No es eso, es algo más terrible que la muerte física. —dijo Daniel despojando de sí la camisa empapada y dejando relucir las marcas negras que le habían propiciado los golpes con las rocas y heridas que aún sangraban.

—¿De qué hablas? —preguntó Marcos mirándole con rareza.

—Usted ha tenido suerte al mantenerse al margen del avanzado ritmo social que envuelve a los hombres en una vida materialista y ciega enajenándolos y alejándolos de la naturaleza para hacerlos esclavos de sí mismos. —reflexionó Daniel.

El viejo vio las heridas que Daniel exhibía pero se mantuvo indiferente.

—Creo que seremos grandes amigos. —dijo Marcos poniéndose cómodo recostándose sobre una roca.

—No te confundas, yo no estoy en contra de los adelantos tecnológicos ni de la industrialización.

Sólo estoy en contra de la actitud del hombre de eliminar a Dios de sus pensamientos y poner el progreso material por encima de la fe. –aclaró Daniel.

–Entiendo. –dijo Marcos interesado en la conversación–. Pero no sé como puede estar tan seguro de su ideología.

–Creo que el hombre ha llegado al colmo de sus hechos. No sólo se han alejado de Dios sino que han entronado al demonio como dictador mundial en la tierra. –aseguraba Daniel.

–O sea, que tú piensas que ese dictador que está reinando es Lucifer. ¿Tan malo es? –preguntó Marcos dudando.

–Amigo, quiero que sepas que ese tirano que usa como emblema la esvástica, no es otra cosa que el antimesías mencionado en los textos sagrados. Todo aquel que se une a su gobierno y recibe de sus beneficios temporeros recibirá la maldición de la muerte eterna. –le apercibía Daniel.

–Oye, ¿no te parece que estás un poco paranoico con todo esto? Deja de ver a Lucifer en todo lugar. –dijo Marcos con incredulidad.

–Amigo, quiero que sepas que hace más de dos mil años se profetizó en los textos sagrados sobre la venida de un hombre que sería introducido en el gobierno con una alianza humana de muchas naciones y detrás de toda esa obra estaría la figura del desolador de todas las naciones. –le explicó Daniel.

Aquel anciano mientras le escuchaba le brindó de harapos para que Daniel pudiera desprenderse de aquellas ropas manchadas de sangre.

–Ahora entiendo. Tú eras de esos fanáticos que predicaban en las calles. Pero, ¡Dicen que esos fanáticos ya no están en la sociedad! Dicen que desaparecieron. Si ellos desaparecieron, ¿qué te pasó a ti? ¡No me digas que estás en el grupo de Tara! –dijo Marcos con mirada de rareza.

–¿Tara? ¿Quién es ella? –preguntó Daniel.

–Vamos te llevaré a conocerla. –dijo Marcos dirigiéndole por una resbalosa y húmeda cuesta–. No te sorprendas si te pone un poco melancólico. A veces prefiero alejarme de ella porque está traumada.

Ambos prosiguieron el trayecto en la enorme caverna, y de camino encontraron un riachuelo que bajaba por el interior de la cueva. Agua pura y limpia brotaba de aquel lugar y ahora Daniel comprendía porqué Marcos celaba tanto ese lugar.

A lo lejos se escuchaban sollozos en la parte más interior de la caverna. Alguien que estaba muy triste. Daniel rápidamente se percató del llanto que rompía el silencio y el eco se trasladaba entre los rincones de la profunda caverna sin precisar su lugar de origen.

—¿Qué es eso que estoy escuchando? —preguntó Daniel al percatarse de un sonido de angustia.

—Bueno, hasta aquí llego yo, esa mujer me deprime. —dijo Marcos mostrando señales de hastío.

Daniel prosiguió el camino siguiendo el eco de los sollozos. Y al final encontró una joven rubia de cabellos rizados que estaba recostada sobre una roca y lloraba desconsoladamente. Daniel se acercó a ella lentamente.

—Usted debe ser Tara. —dijo Daniel con timidez.

—¿Qué hace usted aquí?, me imagino que Marcos le habló de mí. —dijo Tara secando sus mejillas ante la inesperada visita.

—Me llamo Daniel y he venido aquí ya que este es el único refugio oculto que he visto hasta ahora. No tenemos otra opción sino este lugar y debemos colaborar unos con los otros, así como Marcos ha hecho conmigo. —dijo Daniel mostrando compasión.

—No sé en que me puedas ayudar. Ya todo está perdido. —dijo Tara mostrando gran desesperanza—. El ejército de la oscuridad ha arropado con violencia todas las naciones. Han invadido cada ciudad y por la fuerza conducen a todos los no sellados a la muerte. Yo personalmente vi como derramaban la sangre de hombres, mujeres y niños. Son ellos, los que han creado una terrible dictadura mundial. –dijo Tara.

–Dígame, ¿cómo llegaste hasta este lugar? –preguntó Daniel.

–Luego de que mi familia partió, no me quedó mas remedio que esconderme entre las abrazaderas de la naturaleza. –dijo Tara mostrando gran desconsuelo.

–¿Adónde partió tu familia? –preguntó Daniel.

Ella miró a los cielos con ojos de tristeza. Ojos que estaban hinchados y muy rojos por la sal de sus lágrimas que la habían acompañado desde que descubrió la ausencia de su familia.

–El cielo se los llevó y me he quedado completamente sola. Ese día, mis ojos fueron abiertos, me sorprendió la vida cuando descubrí que Dios arrebató a los suyos. Por poco enloquezco cuando me di cuenta de lo que estaba ocurriendo. Vino como ladrón de noche, semejante a aquel que viene cuando menos lo esperas, y se lleva a todos y nunca mas los ves, sin poder decirles un último adiós y decirles cuánto los amas y cuán arrepentido estás de tus actitudes. Es como una palabra de perdón que se perdió en el vacío, sin llegar a su destino. Esa es la causa de mis lágrimas y mi dolor. Yo anduve desde niña por los caminos del bien, pero luego me aparté hacia una vista egoísta y sin amor. Sé muy bien quien es ese líder que se presenta como el dictador de la sociedad. Es el cumplimiento de una terrible profecía de los libros sagrados. —aseguraba Tara.

Tara comenzó a llorar y a sollozar nuevamente. Sentía que todo lo que ella había atesorado anteriormente carecía de importancia ahora.

—Creo que no todo está perdido. Aun no te has dejado sellar por aquellos que exaltan la esvástica sobre las naciones. Ves, todavía tenemos esperanza. —dijo Daniel.

—Si nos encuentran nos asesinarán como a todos los demás. —dijo Tara envuelta en su llanto.

—¿Sabes una cosa? Leí en uno de los libros sagrados que si no nos dejamos sellar, podremos salvarnos al final. Quizás ellos puedan darle muerte a nuestros cuerpos físicos, pero nuestra alma le pertenece a Dios. Si nos dejamos sellar, entonces estaremos perdidos para siempre. No le daremos la victoria. Es mejor morir por la libertad que vivir en cobardía y en esclavitud. —dijo Daniel.

—Hay algo que debes saber. Las cosas en la ciudad no marchan bien. Personas que huyen me han dicho que el ejército del líder mundial ha creado el terror con modernas tecnologías sobre las ciudades. —dijo Tara.

—¿A qué te refieres? —preguntó Daniel.

—No solo son hombres infernales los que persiguen a los no sellados. Ahora inundan los cielos extraños aparatos y naves creadas en los secreto para perseguir y asesinar a los que consideran rebeldes al sistema como nos llaman a nosotros. –dijo Tara.

—¿Qué podemos hacer? –preguntó Daniel.

—No podemos salir de este lugar. Los cielos están minados por toda clase de extrañas maquinas de apariencias horrendas cuya meta es asesinar a todo aquel que consideran enemigos. Son máquinas terribles dirigidas por satélites y que poseen sensores contra los humanos que no poseen la marca del sistema. –dio Tara.

Fuera de aquella caverna la realidad era muy horrenda. Los hijos de la esvástica habían hecho pública toda una compleja maquinaria militar que ahora infectaba los cielos. Naves y discos voladores que fueron elaborados de forma secreta ahora se desplazaban en los cielos aterrorizando a aquellos que no fueron sellados. Se veían en las esquinas de cada ciudad, los nuevas maquinas robóticas que tomaban formas de animales feroces dispuestos a rastrear por medio de sensores de calor a todo humano. En sus cabezas estaban llenos de ojos, los cuales estaban unidos a los satélites y a una computadora central que les ordenaba identificar, localizar y atacar a los subversivos de la nueva dictadura mundial. De forma súbita la sociedad se quedó dormida y hundida en su materialismo sin darse cuenta que hacía siglos se estaba gestando el dominio del satanismo unido al gobierno. Los demonios se las ingeniaron para dirigir a los hombres a lograr sus fines por medio del engaño. La sangre corría como nunca antes por las calles.

—¿Dónde quedó la libertad de todos los pueblos? —preguntó Daniel.

—La libertad quedó aplastada por las excusas de la seguridad nacional. Pues ellos mismos eran sus propios terroristas en una astuta agenda. No hay lugar que no registre la marca con sus "scanner" y aparatos modernos utilizados para rastreo y ubicación. Restaurantes, hospitales, bancos, mercados, y demás… Todo obedece al sistema del «chip». Esos aparatos tienen la capacidad de rastrear algo más que mercancía. Rastrean almas de hombres y son supervisados aun por medio de satélites de modo que saben dónde está cada ser humano del planeta de forma precisa. Luego de tantos ataques terroristas de los conspiradores, la gente común no tenía otra opción que someterse a esta tragedia. La mayoría de los ataques terroristas fueron ingeniados políticamente de forma maquiavélica por los que estaban detrás de este engañoso nuevo orden secular.

–dijo Tara sin poderse escapar de la expresión de espanto.

Así de manera clandestina, Daniel, Marcos y Tara trataban de sobrevivir. Llegó el tiempo cuando el alimento comenzó a escasear. Fue el momento cuando salieron en búsqueda de alimentos.

Los perros comenzaron a ladrar.

–Tara, parece alguien viene pues los perros están ladrando y están inquietos. –dijo Marcos buscando con su mirada.

–¿Cómo? No puede ser. –dijo Tara llena de espanto al ver unos soldados acercarse.

–Yo no me quedaré aquí. –dijo Daniel temeroso.

–Ni yo tampoco, dime, Marcos, ¿Qué harás? –preguntó Tara.

–Yo les haré frente; además, no tengo a dónde ir. –dijo Marcos con terquedad.

–¡Por favor, ven con nosotros! –le rogó Tara casi arrancándole el brazo para no dejarla allí.

–No puedo dejar este lugar. –dijo Marcos.

–Ojalá todo te salga bien querida amigo. ¡Que Dios esté contigo! –le dejó Tara con el presentimiento de que algo no saldría bien.

Daniel y Tara se alejaron de aquel lugar. Ambos estaban muy nerviosos pues en carne propia habían peleado con los hijos de la esvástica.

Mientras tanto, los pastores anatolianos de Marcos se pusieron furiosos al ver que extraños traspasaban los límites del territorio que ya consideraban suyo. A toda velocidad salieron los canes y en toda su furia contra los canes invasores. Cuando de pronto, a lo lejos se oyeron unos ladridos desconcertantes. Algo lastimó de muerte aquellos preciosos guardianes que se revolcaron en el suelo de un lado a otro. Marcos salió a su socorro al ver los cuerpos de sus mascotas desplomarse en el suelo. No sabía precisar con que artefacto específico se les había infligido el golpe mortal a sus entrañables compañeros de años. Los imponentes soldados de la esvástica parecían no tener afecto natural ni consideración alguna para con la propiedad ajena. Marcos se dirigió a ellos de forma precipitada y con el alma derrumbada frente a los actos temerarios de estos invasores. A Marcos no le quedó más remedio que permanecer como mero espectador y se arrojó sollozando sobre sus mascotas al verlos desfallecer.

–¿Qué vienen a hacer gente tan perversa en contra de la propiedad privada? –dijo Marcos airado.

–Señor, ¡Cálmese! Esos perros nos iban a atacar. –dijo un corpulento soldado.

Los demás intrusos inesperados permanecían como murallas penetrando con su mirada los ojos del anciano y dispuestos a usar la fuerza contra él.

—Sólo eran perros guardianes, a nadie nunca habían mordido, estaban muy bien entrenados y ahora están muertos por causa de unos malditos entremetidos asesinos. —refutó Marcos.

—Señor, cuide sus palabras. —le advirtió el hombre con mirada de amenaza.

—¿Qué harán? ¿Lastimarme? —dijo Marcos furioso.

—Señor, sólo venimos a verificar si usted posee la marca del estado. Como ve, velamos por su bienestar y seguridad —dijo cínicamente el soldado.

—A mi personalmente no me interesa. —contestó Marcos.

—Señor, tenemos órdenes de inspeccionar la zona. —dijo el hombre moviendo sus pies de forma apresurada al interior de la caverna.

—Además de entrar de forma desconsiderada, ahora se meten en los lugares por la fuerza. —dijo Marcos sin poder impedirle la entrada.

Los hombres dejaron a Marcos con las palabras en la boca cuando entraron y le echaron un vistazo a sus posesiones.

—¿Con que usted mora aquí completamente solo? —preguntó el corpulento hombre—. ¿Y porqué hay diferentes huellas en el suelo? Tal parece que alguien salió de prisa de este lugar. ¡Mire señor! —levantó el tono de voz—. Si usted está encubriendo a alguien tendrá un gran problema. Veo que hay ciertas huellas en esa dirección. —dijo el hombre señalando cerca donde se ocultaban Daniel y Tara.

Daniel y Tara al escuchar esa conversación se sintieron muy asustados y buscando la forma para alejarse lo más pronto posible de aquel lugar.

Mientras tanto, Marcos buscaba la forma de entretener los hombres para que sus amigos ganaran tiempo y escaparan.

—Señor, usted vendrá con nosotros para ser interrogada por nuestros superiores. Usted no posee la señal del estado. —dijo el hombre notando la mano derecha y frente del anciano.

Los soldados se llevaron a Marcos esposado como a una criminal. Daniel al ver la escena sintió pesar por lo que estaba pasando y procuró huir sin ser visto junto con su acompañante.

Ambos lograron salir de aquel lugar discretamente; en el camino conversaban de su desdicha.

—En cada sitio que me muevo sólo me persiguen los problemas en este tiempo. Si no hubiéramos venido acá, nada le hubiera sucedido a don Marcos. —dijo Daniel con sentido de culpa.

—¡Cálmate! No todo tiene que ver contigo. En este tiempo es difícil que los no sellados salgan ilesos de los perseguidores. —dijo Tara luchando en su interior con un sentimiento similar.

—¿Qué le harán? —preguntó Daniel lleno de horror muy preocupado.

—Déjalo en las manos de Dios. Si es de esa manera el precio que debe pagar así lo hará. —dijo Tara resignada.

Daniel y Tara trataron de refugiarse en el bosque. Temían no solo por sus vidas sino también por la de Marcos.

Ellos volvieron por el camino que los trajo a la ciudad y Daniel se dirigió al lugar donde él creía que estaban algunos de los subversivos contra la dictadura. Cansados del camino se sentaron a reposar debajo de un enorme árbol. Al acercarse al lugar pudieron notar la entrada y salida de camiones militares llenos de gente. Discretamente y con cautela extrema se acercaron a las murallas protegidas de aquel lugar que llamaban "centros de educación".

—Esto, mas bien que parecer centro de educación parece un campamento militar. —dijo Tara refiriéndose al cerrado lugar semejante a un centro de matanza o degolladero de corderos.

—«Ojala no sea lo que me estoy imaginando» —decía para sí Daniel, con mal presentimiento.

A lo lejos se comenzó a escuchar el alboroto de unos hombres.

—¡Escucha!, alguien grita. —dijo Daniel haciendo un gesto de mano.

—Son gritos de dolor de esos que se están bajando de ese camión. —dijo Tara mirando la expresión de grupos de prisioneros.

—¿Qué será lo que ven que les causa tanta impresión de sufrimiento? —preguntó Daniel intrigado adelantándose a su amiga.

—Vamos, tenemos que acercarnos más, con mucho cuidado. —dijo Daniel sigilosamente—. ¡Oh, Dios! —dijo apesadumbrado.

Daniel tuvo que luchar consigo mismo para asimilar aquello que estaba frente a sus ojos. Cientos de cuerpos muertos trepados unos encimas de otros. Las víctimas eran agrupadas como estiércol mientras algunos eran obligados a hacer unas comunas donde enterrarían a los difuntos. Prácticamente estaban cavando sus propias tumbas y los soldados de la esvástica les gritaban cosas aberrantes. Estaban torturando psicológica y físicamente a indefensos ciudadanos que se oponían al sistema del nuevo orden secular.

—«Entonces, era verdad lo que imaginaba» — pensaba Daniel para sí.

Los corazones de ambos se les querían salir al presenciar la terrible escena. Tara pudo notar a un viejo anciano que parecía ser Marcos.

—Mira, allí está Marcos. Va detrás de aquellas personas. —dijo Tara desconcertada.

—¡Silencio! ¡Escucha! —dijo Daniel sigilosamente.

—Señor, ¿desea usted servir al estado o se une a los rebeldes y a sus consecuencias? —dijo el soldado dirigiéndose a Marcos.

—¡No hay otros rebeldes que aquellos que cometen estas atrocidades a espaldas del pueblo! —dijo Marcos con vehemencia apretando bien sus dientes.

—Señor, usted no tiene porqué morir; sólo tiene que unirse voluntariamente al sistema. —dijo un soldado.

—¿Es esto voluntariamente, a punta de metralleta? —preguntó Marcos en alta voz.— Mientras contemplaba a los guardianes y gente vestida de militares.

Mientras tanto, afuera seguían los vigilantes incógnitos.

—Dios mío, dale las fuerzas a Marcos para que no se rinda ante esta tiranía diabólica —oraba Tara.

—«¡Resiste amigo, resiste!» —decía Daniel con dolor.

Un grito de aquel alguacil captó su atención.

—De modo que usted se niega a obedecer las leyes del estado —decía un alguacil, en muy alta voz y mirada inquisitiva—. Todos aquí estamos de testigo que si usted sufre las consecuencias de esta sublevación personal no está en nuestras manos sino en las suyas.

—Ustedes le sirven a Satanás y sus obras hacen. —declaró Marcos dejando retumbar el eco.

—Escuchen esta blasfemia. Lucifer no daría tantas cosas buenas a la sociedad, y es usted el que no desea cooperar con la seguridad nacional. Le pregunto por última vez: ¿se dejará sellar o no? —insistía el soldado.

—¡Perezca usted, su marca y el tirano que nos somete por la fuerza.! —dijo Marcos con firmeza.

El soldado tomó aquellas palabras como terrible atrevimiento y osadía y levantó su arma, mientras las voces de los demás alguaciles decían unánimes.

—¡Termina ya! ¡Hazlo! —gritaban los demás soldados.

Mientras tanto, los miles de sentenciados lloraban mirando estas barbaridades. Se escuchaban gemidos por doquier.

—Ustedes ven todos esos cadáveres. Este es el precio que hay que pagar por la seguridad de nuestra nación. —dijo uno de los soldados.

—¡Acabe ya! ¡Hale ese gatillo de una vez y por todas! —dijo Marcos en sufrimiento.

–Que quede este suceso como una advertencia a los que se sublevan contra el orden público. –decía el soldado mojando sus pies en la sangre de aquellos indefensas personas.

El alguacil apuntó su arma a la cabeza de Marcos y sin misericordia detonó el fuego traspasando la frente del anciano. Los gritos de muchos se dejaron oír en aquellas cuatro paredes al ver a Marcos desplomarse al suelo. Las víctimas estaban con las manos atadas sin poder defenderse permanecían también en la fila. Espantados muchos cambiaron la vista en esa escena trágica. Tara no pudo esconder su llanto y se lanzó al suelo a llorar por esa vida detrás de aquel edificio. Daniel estaba lleno de estupor frente a esa realidad y el duro estruendo de aquel disparo que lo sintieron en el alma.

–Le pregunto a los que aquí están. ¿Quiénes de ustedes están dispuestos a liberarse de la tragedia? –dijo el soldado dirigiéndose a los sentenciados y pasando lentamente por la fila de encadenados mirándole desafiantemente a los ojos a cada uno quienes rodeaban el cuerpo de la anciana que yacía en el suelo mojando el terreno con sangre.

El soldado se paró frente a una joven.

–Usted, ¿cómo se llama? –preguntó un soldado mirándole fijamente.

—Hedda, ese es mi nombre. —respondió ella.

—¿Deseas salvar tu vida de la muerte hoy? Sólo tienes que permitirle al estado ponerte el microchip debajo de tu piel. —inquirió el soldado.

—¡Sí, señor! —dijo Hedda de forma insegura y media tartamuda rompiendo el muro de nervios que la apresaba.

Hedda era una joven de veinte años que no se había unido al sistema porque sus hermanos le habían advertido que ese sistema era de origen diabólico. Pero ella no estaba dispuesta a morir por la causa de Dios, sino que en este momento de presión, no podía tolerar la idea de abandonar esta vida presente y sus cosas temporales y perder su vida por las cosas espirituales.

Hedda se salió de la fila muy temblorosa poniéndose al paso del hombre de negro.

—Señores, ¡Ven que fácil es liberarse de la tragedia! Ella ha escogido la mejor decisión de su vida. Ponerse del lado del líder mundial permitiéndonos ponerle la marca del estado voluntariamente. Yo les exhorto a hacer como ella. —decía el soldado esgrimiendo su arma.

Rápidamente trajeron los aparatos de inyección para colocarle sobre la piel a la joven la marca del estado y el tatuaje de la esvástica. Hedda aún lloraba.

—No llores, no te va a suceder nada. Por el contrario, ahora serás como nosotros. Muy buena decisión. —dijo el soldado dándole una palmada en el hombro.

—Algunos de los sentenciados no cesaron de advertirle, entre los cuales estaba un joven llamado Randy que la conocía desde muy pequeña.

—¡No lo hagas Hedda! ¡No te dejes morder por el escorpión!. —clamó Randy despavorido—. Vas a perder tu alma si te dejas sellar.

—Desisto de la idea de morir por lo que no puedo asegurar. —dijo Hedda dudando de la vida después de la muerte.

—La salvación es segura para los vencedores. Y está garantizada por la resurrección de Jesús. —insistió Randy.

—No, no puedo hacer esto. —dijo Hedda sin fuerzas.

Randy permaneció fijo en la fila y no dio su brazo a torcer, pues conocía que perdería su vida entregándola al dictador. Por otra parte, sabía que ganaría su vida muriendo como mártir; sin embargo, la debilidad de su amiga causó en él casi el desmayo de su alma.

Hedda fue sacada de la fila y allí mismo le introdujeron en su mano derecha por medio de inyección leve el diminuto chip sagrado. Ella sintió como si una saeta venenosa traspasara su espíritu y fue sacada de aquel horrendo lugar tan pronto pudieron. Hedda se rindió ante los soldados y permitió que la unieran al sistema. Cuando ese artefacto traspasó su mano derecha sintió que algo se desprendió de ella. Como si hubiera quedado desprotegida de la sombra del omnipotente. Algo sucedió en su cuerpo, comenzó a temblar y se desmayó al reaccionar ante su extraña elección. La fila continuó confrontando a todos los que fueron llevados allí por la fuerza. Unos morían como mártires y otros salían por la puerta ancha sin daño alguno cuando abrazaban la marca del dictador.

Mientras tanto, Daniel y Tara observaban afuera de los predios de aquella localidad y la noche ya caía sobre ellos sirviéndole de disfraz pero con olor a sangre. Daniel se rodó unos pies mas adelante hasta alcanzar una ventana que casi superaba su estatura y desde allí pudo ver las pequeñas montañas de cadáveres. El corazón de Daniel casi estalló de sufrimiento que por poco lo hizo desfallecer. Su boca no tuvo fuerzas para abrirse y compartir la terrible escena con su amiga.

—¡Vámonos! Tenemos que salir de aquí lo antes posible. Antes que salgan todos esos camiones. —dijo Daniel.

Al tratar de retomar su camino se percataron de que había soldados por todo aquel lugar. Las cámaras de seguridad los habían delatado.

–Parece que han descubierto nuestra ruta. – dijo Daniel tartamudeando.

–¡Mírenlos allí! –gritó un soldado alarmantemente.

–¡Oh, no!, nos han identificado. –dijo Tara con terror en sus ojos.

–¿Cómo es posible? –se preguntaba Daniel.

Ambos corrieron huyendo de la presencia de seis soldados que venían rodeándolos. No les quedó más alternativa que dirigirse huyendo a toda prisa a un puente cercano. Venían dos por delante, dos por detrás, uno a la izquierda y uno a la derecha. Estaban acorralados y poco a poco se fue cerrando el círculo llevándolos al mismo centro del puente huyendo de las amenazas de los perseguidores armados. La única salida era brincar el puente sobre ochenta metros de alto. Abajo, las piedras parecían burlarse de ellos. Daniel y Tara se movieron a toda prisa por las enormes columnas y barrotes del puente. Los cuatro hombres que primero se acercaron a ellos se burlaban, mientras un robusto soldado se acercó.

–¡Atrápalos! –gritó un soldado.

Daniel y Tara forcejearon en aquel puente para desprenderse de las manos de los perseguidores, pero tropezaron en la estructura de hierro del puente y cayeron al vació. Las duras piedras se extendían como sábanas debajo de ellos. Dos almas entregaron sus vidas en esta tierra por no someterse a esclavitud perpetua, solo así alcanzaron la verdadera libertad.

FIN

CRUSD

# Libros de interés general que puedes conseguir en las tiendas de Amazon.com

## COSAS QUE EL ABUELO HACÍA EN SECRETO PARA MEJORAR SU SALUD - DINO ALREICH

Este es la clase de libros que tiene el poder de hacer cambios positivos en los lectores. Está lleno de secretos tanto para la salud, así como para el alma. Un libro que no solo leerás, sino que compartirás con los amigos a quienes amas. Nunca nadie conoció los secretos del abuelo, hasta ahora... Nos revela los secretos para una longeva vida, paz interior, armonía con los semejantes, y nos brinda 'tips' para lograr la salud que todos buscamos. El abuelo y sus consejos te guiarán por un camino de bienestar que nunca imaginaste, el poder para cambiar tu vida.

## CONSPIRACIÓN WATCHTOWER -DINO ALREICH

Este es un libro inquietante que nos muestra el lado oscuro de una secta que va casa por casa en diferentes partes del mundo cazando almas de hombres. Se presenta un estudio profundo de las doctrinas y falacias que ha construido una colosal secta llena de engaños y enredaderas. Toda una compleja maquinaria económica dispuesta a servir como caballo de Troya contra el cristianismo. Conspiración, mentiras, tergiversación del mensaje cristiano, sectas falsas en la sociedad, todo es parte de un esquema oscuro elaborado por los urdidores "illuminatis" del Nuevo Orden secular. Este libro se presenta como un alerta contra las falsas sectas.

## EL RESURGIR DE LA ESVÁSTICA -DINO ALREICH

Christopher Borazzo, un antropólogo y profesor, tiene una enigmática y misteriosa revelación, en la cual ve el levantamiento mundial de una nueva dictadura nazi. Se ve envuelto en una pesadilla donde es testigo de las maniobras de las sociedades secretas, cultos religiosos y líderes mundiales para someter la política internacional, la economía, las religiones....

Esta novela surge de la investigación moderna en torno a los neonazis, profecías bíblicas, teorías de conspiraciones y del acontecer noticioso pasado y contemporáneo.        El libro trata de unir los cabos sueltos que componen la historia a la vez que busca descifrar el significado apocalíptico y la posibilidad de que dichos libros sagrados los hubieran escrito para advertirnos a todos de lo que sucederá el día de mañana en todas las naciones.

¿Qué misterio se oculta en las antiguas profecías de los libros sagrados de Daniel y Revelación?

Durante siglos, el significado de las antiguas profecías se había mantenido en secreto para el mundo... hasta ahora.

# DESPUÉS DE DESHECHA MI PIEL (LÁGRIMAS DE UNA GUERRA ESPIRITUAL) –DINO ALREICH

¿Sientes que tu vida se encuentra sumergida en el pozo de la desesperación? ¿Piensas que los problemas de la vida son como un torbellino que vienen a derribar todo alrededor? Cuestionas constantemente a Dios sobre su presencia frente a las angustias y pruebas que se nos presentan en la vida. Esta es la historia de un hombre que en su carne pasó por el mismo infierno pero sin quemarse uno solo de sus cabellos. Esta historia verídica te brindará herramientas y fortaleza para ayudarte a cruzar a la otra orilla. Este libro está dedicado a toda persona que sufre por alguna razón. A aquella persona que se acaba de enterar que padece alguna enfermedad angustiosa y crónica. A aquellos padres y madres que sufren por sus hijos. A aquellos hijos que sufren por la ausencia de sus padres. A aquella mujer sola y desconsolada por la partida de su esposo o familiares. A aquel hombre abandonado junto con sus hijos. A aquel hombre de negocio que lo ha perdido todo y al parecer se quiebran sus sueños. A aquellos que buscando refugio en Dios han caído en las redes de inescrupulosos mercaderes de templos. A aquellos que viven en el triste exilio y no tienen amistades. A aquellos que padecen hambre y no encuentran amigos. A aquellos que piensan que no hay nada bueno reservado para ellos en esta tierra y piensan en partir y reducir sus días. A aquellos cristianos que por su fidelidad a Dios han sido perseguidos y afligidos por angustiadores. A aquellos jóvenes que han sido violados y disturbados en lo más profundo. A aquellos que derraman lágrimas en lo secreto. A aquel hombre o mujer que mora solitario sin ver una mano amiga. A aquellos que sienten que le faltan fuerzas para superar las dificultades de la vida. Recibe fuerzas, aliento y fe por medio de esta inspiradora lectura.

# YO VI A DIOS ESCRIBIR EN EL CIELO UN ENIGMA SOBRE APOCALIPSIS –DINO ALREICH

¿Existe la posibilidad de poder predecir con certeza y precisión lo que acontecerá el día de mañana? Este libro no solo lo confirma, sino que ilustra de forma minuciosa eventos trascendentales que han de tener lugar en el mundo en los tiempos que se aproximan. Cataclismos, terremotos, genocidio, fenómenos climatológicos, guerras, conspiraciones, reducción poblacional y hambre en toda la tierra; son solo algunos de los elementos que acompañan esta visión. Todo es parte de un panorama apocalíptico que fue revelado a un hombre hace más de dos mil años atrás. ¿Qué significado e implicaciones de impacto para nuestras vidas tiene el simbolismo apocalíptico de: los cuatro jinetes, las siete trompetas, las siete copas, los siete sellos, los diferentes ayes, y la intervención de los ángeles del juicio sobre el planeta tierra? ¿Estás preparado para afrontar el Apocalipsis? Este libro nos permite ponernos a prueba y descifrar cuan preparados o desprevenidos podemos estar en la hora más crucial del planeta tierra. Sin duda alguna, este libro es una herramienta para prepararnos para el tiempo que ya es inminente.

## SEÑOR, ¿CUÁL ES MI PROPÓSITO EN ESTA VIDA? –DINO ALREICH

Cuántas veces nos hemos preguntado acerca de nuestro propósito y destino en esta vida. Venimos a este mundo no por voluntad propia sino por la voluntad del Creador. Ya estamos aquí, nos hicieron nacer, crecer y desarrollarnos en esta Tierra, pero ¿Cuál es el propósito de nuestra existencia? ¿Por qué estamos aquí? ¿Hacia dónde vamos? ¿Qué retos nos ha puesto nuestro Creador? ¿Seremos vencedores en este peregrinaje llamado vida? Esas son algunas de las preguntas que nos contesta este hermoso libro el cual fue en algún momento publicado bajo el tema "Lluvia de amor para el alma sedienta". Este libro es uno lleno de enseñanzas, reflexiones, oraciones y todo un estudio profundo del corazón de Dios y del corazón del hombre. Nos presenta una inspiradora ilustración de la existencia del hombre, antes de nacer, en el vientre materno, en el nacimiento, y en nuestro crecimiento y desarrollo en la vida. Esta nueva edición fue preparada en letra grande para beneficio de los lectores. Sin duda alguna, un libro muy especial que te ayudará en medio de este peregrinaje. El autor ha publicado anteriormente los libros: El Resurgir de la esvástica, Conspiración Watchtower, Cosas que el abuelo hacía en secreto para mejorar su salud Tomo I y II, El misterio del reino de los cielos revelado, Por amor al llamado, Yo vi a Dios escribir en el cielo un enigma sobre Apocalipsis, El ángel, la luna y la paloma, entre otros.

# EL ABUELO SABIO Y SUS AMIGOS – CARISSA L. OLMO

El abuelo Sabio y sus amigos es un libro que posee un gran valor educativo. Es una guía práctica que se compone de diversidad de dramas o cuentos ideales sea para dar una presentación utilizando marionetas en actividades cristianas, o simplemente para leerle un interesante cuento a sus niños antes de dormir. Es una herramienta que sirve para preparar líderes que puedan llevar un mensaje por medios creativos y coloridos. Son historias basadas en los valores bíblicos y cristianos que logran impartir fe, esperanza, amor y demás frutos. Este libro es el primero de una serie que apenas comienza y donde la autora irá aportando herramientas sea para uso familiar o para uso de iglesias, escuelas con ópticas cristianas. Este libro se divide en dos partes, en la primera, el libro comienza siendo una guía detallada que lo hará experto en el uso de marionetas, y en la segunda parte, se presentan diversidad de dramas e historias que no nos dejarán indiferentes. Un libro altamente recomendable.

Sobre la autora Carissa Lee Olmo, es una educadora tanto en el ámbito eclesial como en el secular. Es una mujer luchadora, esposa y madre. En este primer libro, la autora presenta una enriquecedora serie de enseñanzas de valores cristianos con enfoque en la niñez. La autora, aunque nacida en los Estados Unidos, se trasladó a Puerto Rico donde estudió logrando entrar a la Universidad de Puerto Rico, recinto de Mayagüez, graduándose con honores. En su libro lleva la inquietud de poder formar una generación donde perduren los valores, la justicia, la igualdad, y aquellas cosas positivas donde se construyen personas de bien.

# EL APÓSTOL PABLO
# – DINO ALREICH

El apóstol Pablo: La historia y ejemplo de un verdadero guerrero es la historia verídica de un hombre de guerra, celoso religioso fariseo y asesino de cristianos que cuando menos lo esperaba tuvo un encuentro con el Dios a quien él perseguía. Narra la historia emocionante e increíble de las primeras experiencias cristianas en el mundo entero. Se trata de un libro lleno de relatos de milagros, sangre derramada y el esfuerzo de gente valiente por mantener la fe en un mundo contradictor. Muestra en detalle la vida del más grande de los apóstoles y su legado para ser un modelo de misiones. Originalmente este libro fue publicado bajo el nombre 'Por amor al llamado' y es ahora que el autor nos presenta esta nueva versión en letra grande para beneficio de los lectores. Sin duda alguna, un libro que nos conduce a recobrar la fe y el valor en tiempos de persecución. Esta apasionante historia no te dejará indiferente.

## LO QUE TODO AUTOR DEBE CONOCER AL ESCRIBIR SU OBRA – ALANIS WHITAKER

¿Eres un autor o escritor? ¿Te consideras un aspirante a serlo? Este libro es una importante guía que no debe ser ignorada por autores o escritores. La autora Alanis Whitaker nos hace un importante aporte en torno a las implicaciones legales que conllevan la creación de una obra. Explora de forma muy práctica los temas de los derechos de autor, propiedad intelectual y plagio. Nos brinda dirección y seguridad a la hora de escribir nuestras obras para no incurrir en delitos o violaciones de las leyes de los países. Nos orienta de forma efectiva sobre el legado histórico de las protecciones existentes para autores y para sus obras en diversidad de países. Identifica de forma clara los límites autorales y legales que competen al mundo de los escritores. Sin duda alguna, un libro que no debe faltar en nuestra biblioteca.

# LA SIRENA SAGRADA
# – SIREESHA GOODMAN

Cosas extrañas suceden en la tierra, ¿estás preparado para enfrentar la verdad? Avistamientos de sirenas ¿se trata del producto de la imaginación del hombre o hay algo más en todo esto? ¿Se trata de un descubrimiento de importancia nacional o de alguna clase de nuevo terrorismo por mano de la ingeniería genética moderna? ¿Puede la ciencia moderna crear súper humanos y quimeras? En este libro la escritora Sireesha Goodman hace sus debut con un magistral libro que nos introduce en el mundo misterioso de las sirenas, el origen de la leyenda, su historia, su influencia en el mundo y cómo afecta en nuestros días. Presenta una serie de datos que cautivarán al lector con lo interesante de sus ideas.

Un libro muy bien trabajado que no nos dejará indiferentes.

Muy poca gente conoce que en la propia Biblia los israelitas se enfrentaron en una batalla sobrenatural contra la diosa sirena. Las sirenas han estado influenciando toda clase de cultos en el mundo y son parte de ellos. Este libro nos sorprende con evidencias contundentes de una realidad ignorada por muchos. ¿Sabía usted que el propio culto a la virgen María tiene sus raíces en el culto a deidades antiguas vinculadas a la diosa de los mares? Sirenas, gigantes, quimeras y seres increíbles son parte de un legado histórico que no deja de asombrarnos. Mucho más nos sorprenderá lo cerca que están de nosotros y muchos lo ignoramos. Este es un libro intrigante e inquietante que superará toda expectativa.

# EDIFICANDO MI CASA SOBRE LA ROCA – DINO ALREICH

'Edificando mi casa sobre la roca: Defendiendo nuestra generación de los golpes de espada enemiga' es un libro cristocéntrico que tiene como meta afirmar los fundamentos de fe judeocristianos que nos han sido legados. Es una respuesta y afirmación de fe en respuesta a los vientos de oposición modernos que vienen a amenazar los valores, la ética, la moral y las sanas prácticas espirituales. Este libro nos invita a volver a los fundamentos cristianos y avivar nuestra fe en estos tiempos turbulentos. El libro nos hace un reto a ser gente separada para Dios por medio de una lectura llena de enseñanzas.

# EL ÁNGEL, LA LUNA Y LA PALOMA –DINO ALREICH

La más hermosa historia de amor jamás contada. Un amor que excede toda razón y pensamiento. Una odisea sin igual de una reina en búsqueda de su amado. De cómo venció todos los peligros del camino hasta llegar a él. Un camino que estuvo lleno de aventuras, milagros y secretos que hacen de esta historia una única y especial. Ella estuvo dispuesta a enfrentar a todos los enemigos del malvado rey León con tal de alcanzar a aquel a quien amaba su alma. Dios mismo simbolizado en el rey, y el lector siendo parte de la amada. Una historia que transmite el amor de Dios en cada página. Una historia trepidante que no te dejará indiferente. Basado en el Cantar de los

Cantares del rey Salomón. Esta es la historia más sublime contada por un padre a sus hijos.

## El secreto de la cruz carmesí
## - Dino Alreich

Si Dios se hizo hombre debemos esperar que haya pronunciado las palabras más grandes que jamás hombre alguno haya hablado. También debemos esperar que haya hecho las obras de más impacto sobre la tierra. Podemos esperar que ese hombre haya demostrado con hechos su deidad, y de la misma forma tendría que presentar evidencias impactantes sobre la vida de las personas. Debió ser el ejemplo perfecto del amor, la paz, la perfección y todas aquellas cosas que nos hacen como personas. Incluso, la propia muerte nunca habría de detenerlo. Esta es la historia de ese hombre que hoy millones de personas lo reconocen como su: Dios.

## El destino sagrado de la reina Jadasá
## -Dino Alreich

¿Cuál es el misterio que rodea al antiguo pueblo hebreo que lo hace portador de la protección divina? Siendo una pequeña nación ha sido librado de terribles gigantes que utilizando lógica humana nunca hubieran podido ser vencidos si no fuera por una intervención sobrenatural. En esta historia, el autor Dino Alreich nos presenta una historia verídica basada en el libro sagrado de Ester. La historia de una reina valiente que lo dio todo por el pueblo que amaba y como ella vino a ser una herramienta de protección para toda su raza. Sin lugar a dudas, una historia que ha trascendido el tiempo y sigue igual de impactante hoy. Esta emocionante historia nos muestra como el Dios de Israel está presente en medio de su pueblo cumpliendo sus promesas y fidelidad con un propósito y destino sagrado. Esta es la historia de aquella hermosa reina que demostró que la verdadera belleza es la que se exhibe en el interior por encima de toda excepcional cualidad física.

# EL MISTERIO DEL REINO DE LOS CIELOS REVELADO (LAS PARÁBOLAS DE JESÚS EXPLICADAS) – TOMO I

En este primer tomo, el autor aborda con maestría y profundidad temas teológicos o espirituales de las enseñanzas centrales y básicas de Jesucristo acerca del misterio del reino de los cielos. En este libro se nos presenta un cuadro práctico y ameno sobre los siguientes temas: *La parábola de los dos cimientos, La parábola del sembrador, La parábola del trigo y la cizaña, La parábola de la semilla de mostaza, La parábola del la levadura, La parábola del tesoro escondido, La parábola de la perla de gran precio, La parábola de la red, La parábola de los tesoros nuevos y viejos, La parábola de la oveja perdida, La parábola de los dos deudores, La parábola de los obreros de la*

*viña, La parábola de los dos hijos…* Este libro es el primero de una serie de estudios llenos de enseñanzas edificantes.

## EL MISTERIO DEL REINO DE LOS CIELOS REVELADO (LAS PARÁBOLAS DE JESÚS EXPLICADAS) – TOMO II

En este segundo tomo, el autor nos lleva a explorar las enseñanzas de parábolas con un mensaje trascendental para el ser humano tales como: Los labradores malvados, La higuera estéril, La fiesta de bodas y Las diez vírgenes. En este tomo el autor aborda temas de carácter apocalípticos o escatológicos y eventos que se encuentra en la Sagrada Biblia que se convertirán en la historia del mañana así como el papel que juega el hombre dentro de ese escenario. Esta es la continuación de una maravillosa serie llena de grandes enseñanzas.

## COSAS QUE EL ABUELO HACÍA EN SECRETO PARA MEJORAR SU SALUD (TOMO I Y II) -DINO ALREICH

En este libro, el autor Dino Alreich recoge lo mejor de los primeros dos tomos de la serie "Cosas que el abuelo hacía en secreto para mejorar su salud". En el primer tomo, el autor nos reveló muchos secretos de salud que pueden hacer cambios muy positivos en la vida de los lectores. Un libro lleno de "tips" muy necesarios para un bienestar integral. En el segundo tomo, el autor nos ayuda a explorar el camino de la salud para una longeva vida, paz interior y armonía con los semejantes. El autor nos presenta secretos inimaginables que están a nuestro alcance y que pueden transformar nuestro espíritu, alma y cuerpo. Sin duda alguna, nos conduce a redescubrir sorprendentes alternativas que causarán un impacto revolucionario en nuestra vida y en la de nuestros seres queridos. Este es la clase de libro que compartirás con la gente a quien amas. Este es un libro completo en cuyas páginas encontrarás un tesoro de salud para toda una vida.

## Cómo logré subir mi Fracción de Eyección (EF) de 20% hasta un 60%
-Alejandro Cienfuegos

Este libro es el testimonio vivo de un hombre que estuvo al borde de la muerte en múltiples ocasiones a causa de un fallo cardiaco crónico que le debilitó de forma extrema, pero esta obra no se trata de la crónica de su muerte sino del relato de superación y de victoria contra una popular enfermedad. El autor nos comparte diversidad de 'tips' que le ayudaron a subir su Fracción de Eyección (EF). En el testimonio del autor se narra cómo pudo subir de un 20 % hasta alcanzar un 60%. El autor revela los secretos que son parte de su testimonio de cómo pudo ir contra todos los pronósticos y nos presenta diferentes alternativas que pueden ayudar la salud de persona de todas las edades. Esta es la clase de libros que desearás compartir con aquellos familiares y amigos a quienes amas y les deseas el bienestar. Este es un libro que nos invita a trascender, a ir más allá de la mera salud física, nos invita a buscar alternativas saludables y a cultivar la espiritualidad y la fe en Dios. Un libro que toda persona debe leer.

**Conspiración Atlántida:**
**El retorno desde el abismo**
Dino Alreich

¿Qué sucedería si la realidad histórica fuera muy diferente a la que nos han enseñado en nuestras escuelas y universidades? ¿Qué pensaría usted si conociera que la realidad es mucho más espeluznante y mucho más peligrosa de lo que conocemos? Conspiración Atlántida es una obra inquietante que nos introduce en el mundo de las conspiraciones de las sociedades secretas, de la mafia y de la corrupción política, religiosa, económica y militar. El arqueólogo Joseph Betterson hace el descubrimiento más grande de su vida sin saber que sus implicaciones conllevan el peligro de un nuevo genocidio mundial. Una bestial guerra se libera contra la sociedad moderna, tenebrosas sociedades secretas seguidoras de las ideologías de los llamados dioses de la Atlántida conducen al mundo a una terrible emboscada, un genocidio sin precedentes por causa del racismo imperial. Los conspiradores envueltos en su extremo racismo están dispuestos a "purificar" la Tierra de lo que consideran son razas inferiores para así entregarle el poder dictatorial a la "raza superior".

Es un thriller donde se entremezcla la realidad y la ficción y nos pone en alerta sobre las tendencias ideológicas modernas que permanecen en inescrupulosas sociedades secretas de ayer y de hoy las cuales forman parte de la elite de poder que controla al mundo. ¿Ha muerto el racismo que le puso fin a la vida de más de seis millones de judíos en el Holocausto? Esta novela nos eriza la piel atando los cabos sueltos de la historia y demostrando que nuestra sociedad moderna corre peligro ante las nuevas corrientes racistas que controlan al mundo. ¿Cuál es el secreto y misterio escondido en la creencia sobre la ciudad perdida de la Atlántida? ¿Qué relación tiene la creencia sobre dicha ciudad y las religiones adoradoras de Lucifer? ¿Qué tiene que ver el plan para un Nuevo Orden Mundial moderno y una orquestada conspiración luciferina sobre todos los pueblos? ¿Por qué la elite de poder Illuminati ha preservado y transmitido en sus círculos de sociedades secretas los misterios de esa milenaria ciudad marítima? ¿Cómo afecta esto a nuestro mundo hoy? ¿Qué nos dicen antiguas profecías al respecto? Nunca nadie había revelado la completa verdad sobre esta mística ciudad. Hasta ahora… Un libro lleno de misterios, enigmas, aventura e intrigas que usted debe leer.

# El misterio del reino de los cielos revelado
## Tomo IV
## (Evidencias del cielo y del infierno)
## Dino Alreich

Qué cosas trascendentales debe saber el hombre antes de que culmine su peregrinaje en esta Tierra? ¿Existen pruebas contundentes sobre la vida después de la muerte? ¿De qué forma nuestra vida presente determina nuestro destino final y eterno? ¿Qué dicen los textos sagrados sobre las últimas dos moradas finales del ser humano? ¿Todo el mundo irá al cielo al morir? ¿Realmente hay un infierno de tormento eterno? ¿Cuál es la manera correcta de caminar hacia la vida eterna? ¿Cuál es la realidad que nos espera luego de la muerte física?

En este maravilloso libro el autor Dino Alreich nos conduce a escudriñar numerosas evidencias bíblicas sobre la revelación de la vida eterna. Nos muestra un panorama completo de lo que será nuestro destino final, aquel que cada uno de nosotros decide mientras vive en esta Tierra. ¿Puede el ser humano cambiar su destino? Si es así, ¿cuáles son esos requerimientos que hace el Creador para que el hombre pueda alcanzar de forma certera la herencia celestial? Estas son algunas de las preguntas que nos contesta esta obra. Sin duda alguna un libro para esta generación y para la venidera.

El misterio del reino de los cielos revelado
Tomo III y IV
Las parábolas de Jesús Explicadas
(Double Pack)

Este maravilloso libro recoge el tesoro de enseñanzas del tercer y cuarto tomo de la serie 'El misterio del reino de los cielos revelado' del autor Dino Alreich acerca de las parábolas de Jesucristo. Un libro que no debe faltar en tu colección. Parábolas contenidas en este libro: *La parábola de los talentos, La parábola del buen samaritano, La parábola del rico insensato, La parábola de la gran cena, La parábola de la moneda perdida, La parábola del hijo pródigo, La parábola del mayordomo infiel, La parábola*

*del vino nuevo en odres viejos* y La parábola del hombre rico y Lázaro.

Para novedades visita:
http://tumundodelibros.blogspot.com